Birgit Brandenburg

Die Mathe Merk Mappe

Klasse 7

Mathe zum Nachschlagen, Üben und Wiederholen

Verlag an der Ruhr

Impressum

Titel
Die Mathe-Merk-Mappe – Klasse 7
Mathe zum Nachschlagen, Üben und Wiederholen

Autorin
Birgit Brandenburg

Illustrationen
Jens Müller

Verlag an der Ruhr
Mülheim an der Ruhr
www.verlagruhr.de

Geeignet für die Klassen 7–8

Unser Beitrag zum Umweltschutz
Wir sind seit 2008 ein ÖKOPROFIT®-Betrieb und setzen uns damit aktiv für den Umweltschutz ein. Das ÖKOPROFIT®-Projekt unterstützt Betriebe dabei, die Umwelt durch nachhaltiges Wirtschaften zu entlasten.
Unsere Produkte sind grundsätzlich auf chlorfrei gebleichtes und nach Umweltschutzstandards zertifiziertes Papier gedruckt.

Ihr Beitrag zum Schutz des Urhebers
Das Werk und seine Teile sind urheberrechtlich geschützt. Jede Verwendung in anderen als den gesetzlich zugelassenen Fällen bedarf der vorherigen schriftlichen Einwilligung des Verlages. Im Werk vorhandene Kopiervorlagen dürfen vervielfältigt werden, allerdings nur für jeden Schüler der eigenen Klasse/des eigenen Kurses. Die Weitergabe von Kopiervorlagen oder Kopien an Kollegen, Eltern oder Schüler anderer Klassen/Kurse ist nicht gestattet. Bitte beachten Sie die Informationen unter **schulbuchkopie.de.**
Der Verlag untersagt ausdrücklich das digitale Speichern und Zurverfügungstellen dieses Buches oder einzelner Teile davon im Intranet (das gilt auch für Intranets von Schulen und Kindertagesstätten), per E-Mail, Internet oder sonstigen elektronischen Medien. Kein Verleih. Zuwiderhandlungen werden zivil- und strafrechtlich verfolgt.

© **Verlag an der Ruhr 2003**, Nachdruck 2017
ISBN 978-3-83072-816-4

Druck: AZ Druck und Datentechnik GmbH, Kempten, DE

Inhaltsverzeichnis

6	Vorbemerkungen

Zuordnungen

7	Erklärung
8	Allgemeine Zuordnungen
9	Proportionale Zuordnungen
13	Zeichnerische Darstellung
14	Antiproportionale Zuordnungen
17	Zeichnerische Darstellung
19	Proportionaler Zweisatz
20	Proportionaler Dreisatz
21	Antiproportionaler Zweisatz
22	Antiproportionaler Dreisatz
24	Flussdiagramm

Rationale Zahlen und Rechengesetze

25	Erklärung
26	Ganze Zahlen
27	Rationale Zahlen
28	Anordnung rationaler Zahlen
29	Betrag und Gegenzahl
30	Zunahme und Abnahme
31	Addition rationaler Zahlen
33	Subtraktion rationaler Zahlen
35	Gesetze der Addition
37	Addition, Subtraktion, Klammern
38	Multiplikation rationaler Zahlen
39	Division rationaler Zahlen
40	Verbindung der Rechenarten
41	Das Koordinatensystem

Terme

43	Terme mit Variablen
44	Berechnen von Termen
46	Aufstellen von Termen
48	Addition von Termen
50	Subtraktion von Termen
52	Multiplikation von Termen
54	Division von Termen

Gleichungen

55	Lösen von Gleichungen
60	Aufstellen von Gleichungen
61	Lösen von Ungleichungen

Prozentrechnung

63	Erklärung
64	Prozentbegriff
66	Diagramme mit Prozentangaben
67	Prozentwert
69	Prozentsatz
70	Grundwert
71	Prozentrechnung im Alltag
72	Flussdiagramm

Zinsrechnung

73	Erklärung
74	Zinsen
75	Zinssatz
76	Kapital
77	Flussdiagramm

Symmetrie

79	Erklärung
80	Achsensymmetrie
81	Punktsymmetrie
82	Mittelsenkrechte
84	Winkelhalbierende

Winkel

85	Erklärung
86	Scheitelwinkel, Nebenwinkel
87	Stufenwinkel, Wechselwinkel
88	Winkelsumme in Dreiecken
89	Winkelsumme in Vierecken
90	Winkelsumme in Vielecken
91	Satz des Thales
92	Kreis und Tangente

Wahrscheinlichkeitsrechnung

93	Erklärung
94	Absolute und relative Häufigkeit
95	Wahrscheinlichkeit
96	Ereignis und Gegenereignis
97	Lösungen

Vorbemerkungen

Hallo, ich bin Mathew. Ich bin der Spezialist in allen Mathe-Fragen und werde dich durch diese Mathe-Merk-Mappe begleiten.
Mathe kann ganz einfach sein, wenn man weiß, welche **Rechengesetze und -regeln** es gibt, wie sie funktionieren und wie man sie geschickt anwendet. Und: Mathe ist eigentlich ganz spannend. Denn sie kommt überall in unserer Umgebung vor: beim Einkaufen, Autofahren, Schwimmen, Fernsehen und fast bei allen anderen alltäglichen Dingen. Manchmal ist sie ganz offensichtlich, weil die Dinge und Tätigkeiten etwas mit Zahlen zu tun haben (z.B. Geldbeträge beim Einkaufen oder Fahrstrecken und Fahrzeiten). Manchmal spielt sich Mathematik aber auch im Hintergrund ab, und man kann sie erst entdecken, wenn man den Dingen auf den Grund geht.

Nur was für Mathe-Cracks, meinst du? Ganz und gar nicht! Wer Mathe kann, kommt mit vielen Dingen des täglichen Lebens leichter klar. Das fängt z.B. schon beim Wechselgeld im Supermarkt an.

Die Mathe-Merk-Mappe wird dir dabei helfen, wichtige Rechenregeln zu verstehen.
Oben auf jeder Seite findest du die wichtigsten Rechenregeln zu dem jeweiligen Thema. Immer dann tauche ich auf, damit du weißt, dass du dir etwas Wichtiges merken musst. Unter den Rechenregeln findest du Beispiele, die dir zeigen, wie man mit den Rechenregeln umgeht.
Auf dem Rest der Seite kannst du dann mit Hilfe von Übungen überprüfen, ob du die Rechenregeln verstanden hast.

In den Übungen auf jeder Seite findest du erst leichte Aufgaben zum Warmwerden. Danach folgen die Aufgaben für Profis.

Solltest du die Mathe-Merk-Mappe ganz durchgearbeitet haben, dann hebe sie auf, denn in nachfolgenden Klassen kannst du sie zum Nachschlagen benutzen, wenn du eine Rechenregel vergessen hast. Die passenden Beispiele helfen dir, dich wieder zu erinnern.

Viel Spaß beim Rechnen,

dein Mathew

Zuordnungen

Was sind Zuordnungen?

In der Mathematik spricht man von Zuordnungen, wenn einer Größe aus einem bestimmten Bereich eine zweite Größe aus einem anderen Bereich zugeordnet wird.

So wird z.B. im Einzelhandel einer bestimmten Ware ein Preis zugeordnet:

- Eine Zuordnung kann **proportional** sein. Dann steigt oder sinkt mit der einen Größe auch die andere Größe proportional, also gleich stark. Man drückt diesen Sachverhalt mit den Worten „je *mehr* – desto *mehr*" oder „je *weniger* – desto *weniger*" aus.

Auf unser Beispiel bezogen, heißt das: Je mehr du von dieser Ware kaufst, desto mehr musst du auch bezahlen, bzw. je weniger du kaufst, desto weniger bezahlst du auch.

- Eine Zuordnung kann aber auch **antiproportional** sein. Dann sinkt eine Größe in demselben Maße, wie die andere Größe ansteigt.

Auf das Beispiel bezogen, würde das bedeuten: Eine Ware wird umso günstiger, je mehr man von dieser Ware kauft.

Wozu brauchst du Zuordnungen im Alltag?

Damit kannst du Gewichte und Preise beim Einkauf vergleichen.

Du stehst vor dem Regal mit der Schokolade. Von der Sorte Vollmilch mit Nuss kosten 6 Tafeln zu je 100 g im Sonderangebot 5,34 €. Eine 200-g-Tafel kostet 1,72 €. Mit den Zuordnungen kannst du vergleichen, ob das Sonderangebot oder drei Tafeln zu je 200 g preiswerter sind.

Damit kannst du Wegstrecken und Fahrzeiten vergleichen.

Im Urlaub wollen deine Eltern mit dem PKW von Steinberg nach Biberbach fahren. Über die Autobahn beträgt die Länge der Strecke 260 km. Über die Landstraße sind es nur 240 km. Auf der Autobahn fahrt ihr mit einer Geschwindigkeit von durchschnittlich 120 km/h, auf der Landstraße durchschnittlich 70 km/h. Deine Eltern müssen vergleichen, auf welchem Weg ihr Biberbach schneller erreichen könnt.

Damit kannst du die Anzahl der Arbeitsstunden und die Anzahl der Arbeiter vergleichen.

Für die Pflasterung eurer Straße brauchen 5 Arbeiter 10 Wochen. Die Firma setzt 7 Arbeiter ein. Du kannst berechnen, in wie viel Wochen eure Straße dann fertig ist.

Je weniger Wolken, desto mehr Sonnenschein.

Allgemeine Zuordnungen

Bei Zuordnungen gehört zu einer Größe aus einem Bereich (z.B. Gewicht, Menge, Preis, Länge, Zeitangabe …) eine Größe aus einem anderen Bereich. So kannst du Zuordnungen beschreiben:

▸ **mit einer Tabelle:**

Stückzahl	1	2	4	8	16	32
Preis (€)	2,10	4,20	8,40	16,80	33,60	67,20

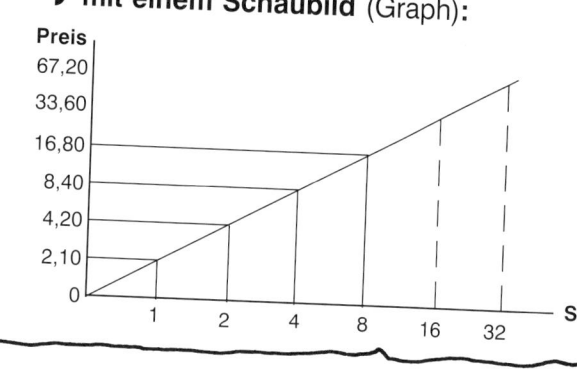

▸ **mit einem Schaubild (Graph):**

▸ **mit einer Rechenvorschrift:**
Verdoppelung (•2) der Stückzahl = Verdoppelung (•2) des Preises.

1. Erstelle eine Tabelle.

1 Brötchen ⟼ 0,21 €
Was kosten 2, 3, 4, 5, 6, 7, 8 Brötchen?

Anzahl	1	2	3	4	5	6	7	8
Preis (€)	0,21							

2. Lies aus dem Graphen rechts ab.

a) Wie hoch ist der Preis für 20 l; 40 l; 60 l Benzin?
b) Wie viel l Benzin bekommt man für 10,40 €; 31,20 €; 52,00 €?

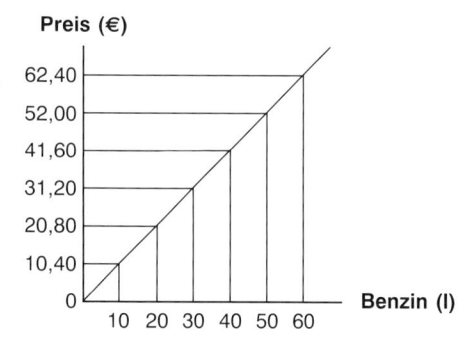

3. Ergänze die Tabelle.

Gewicht (g)	100	200	300	400	500	600		
Preis (€)	2,00	4,00	6,00	8,00			14,00	16,00

Proportionale Zuordnungen 1

Lösung auf Seite 97

Eine proportionale Zuordnung ist eine Zuordnung, bei der zum 2-fachen, 3-fachen, 4-fachen ... der einen Größe auch das 2-fache, 3-fache, 4-fache ... der anderen Größe gehört. D.h. mit der einen Größe steigt oder sinkt die andere Größe gleich stark.

„Je klüger die Schüler, desto glücklicher der Lehrer."

Für das **3-Fache einer Strecke** braucht man auch **3-mal so viel Zeit**. Das **Doppelte an Gewicht** einer Ware kostet auch das **Doppelte des Preises**.

Zeit (h)	Weg (km)
1	75
3	225
7	525

·3 ·3
·7 ·7

Gewicht (kg)	Preis (€)
2	2,40
4	4,80
8	9,60

·2 ·2
·4 ·4

In **proportionalen Zuordnungen** sind einander zugeordnete **Größenpaare quotientengleich**, d.h. dass jedes Zahlenpaar in der Tabelle gekürzt den gleichen Wert liefert.

Zeit (h)	1	3	7
Weg (km)	75	225	525
Quotient (km/h)	**75**	**75**	**75**

Gewicht (kg)	2	4	8
Preis (€)	2,40	4,80	9,60
Quotient (kg/€)	**1,20**	**1,20**	**1,20**

Fehlende Größen in der Tabelle kannst du durch Addition, Subtraktion, Multiplikation und Division der bekannten Werte errechnen.

1. Ergänze die Tabellen.

Weg (km)	2	4	8	10
Preis (€)	6,20			

Anzahl	1	2	3	4
Gewicht (kg)	62			

2. Entscheide, welche der Größenpaare quotientengleich sind.

Strecke	Preis
1 km	2,17 €
2 km	4,34 €
4 km	8,68 €

Länge	Gewicht
3 m	250 g
12 m	1000 g
1 m	125 g

Länge	Preis
1,5 m	75 €
4,5 m	225 €
3,0 m	150 €

Weg	Zeit
17 m	0,5 h
34 m	1,0 h
85 m	2,5 h

Proportionale Zuordnungen 2

Lösung auf Seite 97

3. Ergänze die folgenden Tabellen.

   a) 6 Rechenhefte kosten 1,98 €. Wie viel kosten 3, 9, 12, 15 Hefte?

Rechenhefte	3	6	9	12	15
Preis (€)		1,98			

   b) 8 Arbeitsstunden kosten 160 €. Wie viel kosten 4, 16, 24, 40 Stunden?

Arbeitsstunde	4	8	16	24	40
Preis pro Stunde (€)		160			

   c) 8 m Gardinenstoff kosten 63,20 €. Wie viel kosten 2 m; 4 m; 16 m und 24 m Stoff?

Stoff in m	2	4	8	16	24
Preis (€)			63,20		

Bei dieser proportionalen Zuordnung kommst du mit Halbieren und Verdoppeln weiter: Wenn 8 m Stoff 63,20 € kosten, kostet die Hälfte des Stoffes auch die Hälfte. Das Doppelte der Länge kostet auch doppelt so viel. Hier musst du eigentlich gar nicht wissen, wie viel 1 m des Stoffes kostet.

4. Ergänze die beiden Tabellen.
   Zeichne die Graphen zu den Tabellen in dein Heft.

Stunden (h)		2	3	4		6	7	
Arbeitslohn (€)	25	50			125			200

Gewicht (kg)	1	2	4	8		12	14	16
Preis (€)	2,20				22,00			

Löse die Aufgaben in deinem Heft.

5. **Ein Swimmingpool ist in 4 Stunden zu einem Drittel mit Wasser gefüllt.**
   a) Ist der Pool nach 12 Stunden vollständig mit Wasser gefüllt?
   b) Nach wie vielen Stunden ist der Pool zu zwei Drittel mit Wasser gefüllt?
   c) Wie viele Stunden werden benötigt, um 4 Pools gleicher Größe nacheinander zu füllen?

6. **In der Kinovorstellung sind nach 20 Minuten bereits 49 m Film abgespult. Auf der Rolle befinden sich noch 343 m.**
   Wie lange läuft der Film insgesamt?

Proportionale Zuordnungen 3

7. Stelle fest, welche der Zuordnungen proportional sind.

   a) Fahrzeit ⟼ zurückgelegter Fahrweg
   b) Anzahl von Arbeitsstunden ⟼ Arbeitslohn
   c) Anzahl von Birnen ⟼ Gesamtgewicht
   d) Alter eines Kindes ⟼ Körpergröße
   e) Anzahl von Arbeitern ⟼ benötigte Arbeitsstunden

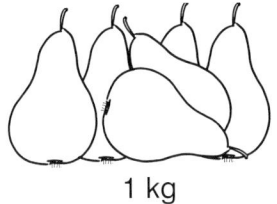

1 kg

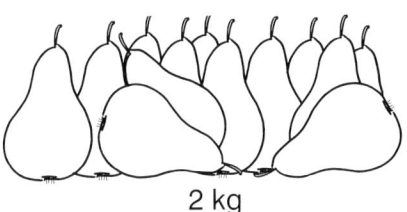

2 kg

8. Seit der Euro-Umstellung rechnen viele Menschen Preise im Kopf noch in DM um. Die Umstellung von der Deutschen Mark in Euro gehört zu der Zuordnung Wert in DM ⟼ Wert in €.
Rechne anhand der Tabelle die folgenden Geldbeträge um.
Bei größeren Geldbeträgen musst du mehrere Teilbeträge aus der Tabelle addieren, um den gewünschten Geldbetrag zu errechnen.

   a) Wie viele Euro erhielt man demnach für 7 DM; 8 DM; 28,70 DM; 67,30 DM; 89 DM; 135 DM?
   b) Wie viele Deutsche Mark bekäme man für 1,79 €; 3,58 €; 35,84 €; 11,10 €; 42,20 €; 48,84 €?

DM	€ (gerundet)
0,10	0,05
0,20	0,10
0,50	0,26
1,00	0,51
2,00	1,02
5,00	2,56
10,00	5,11
20,00	10,23
50,00	25,56

9. Benzin in l ⟼ Preis in €.
Der Literpreis beträgt 1,04 €.

   a) Erstelle die Tabelle für 1 l; 3 l; 4 l; 7 l; 9 l; 10 l; 20 l; 30 l Benzin.
   b) Wie viel kosten 5 l; 8 l; 12 l; 15 l; 17 l Benzin?
   Errechne die Preise aus der Tabelle.
   c) Zeichne den Graphen der Zuordnung.

10. Im Inneren einer Maschine befinden sich 3 verschieden große Zahnräder.

    a) Wenn sich das große Zahnrad 4-mal dreht, dreht sich das mittlere 16-mal und das kleine 64-mal.
    Wie oft müssen sich das große und das kleine Zahnrad drehen, wenn sich das mittlere 144-mal dreht?
    b) Wie oft muss sich das kleine Zahnrad drehen, wenn sich das große 3-mal und das mittlere 9-mal dreht?

11. Ergänze die Tabelle.

Teppichboden (m²)	12		2	18		42
Preis (€)		477,40	34,10		613,80	153,45

Die Mathe-Merk-Mappe – Klasse 7

Proportionale Zuordnungen 4

Lösung auf Seite 97

12. Ergänze die Tabelle und bestimme den Quotienten.

X	70	24	32	18	66	8	19	3	17	43
Y				45		20				
Quotient (X/Y)										

13. Von verschiedenen Materialien wurden Proben entnommen. Welche Proben sind jeweils dem gleichen Material entnommen worden?

Volumen in cm³	86	93	106	115	79
Gewicht in g	154,8	223,2	254,4	276	142,2
Quotient (cm³/g)					

Je größer die Wohnung, desto …

Ganz schön teuer die Miete hier.

14. Ergänze die Tabelle und finde heraus, wie hoch die Miete der einzelnen Wohnungen ist.

Wohnfläche in m²	120	95	90	75	65	50
Miete in €		807,5	765			

15. Finde heraus, wie viel Benzin das Auto auf 100 km verbraucht, und ergänze die restlichen Werte.

Fahrstrecke in km	100		150		300	
Benzinverbrauch in l	6,5	7,8		16,25		24,7

16. Berechne den Umfang und den Flächeninhalt der Quadrate.

Seitenlänge in cm	3	6	9	12	15	18	21	24
Umfang in cm								
Flächeninhalt in cm²								

Zeichnerische Darstellung

Zuordnungen kann man in Form eines **Schaubildes** zeichnerisch darstellen.
Zu den vorgegebenen Wertepaaren einer proportionalen Zuordnung (hier Gewicht und zugehöriger Preis) wird ein **Graph** gezeichnet.
Der Graph einer **proportionalen Zuordnung** ist eine **Halbgerade**, die im Ursprung (0/0) im Koordinatengitter (Quadratgitter) beginnt.

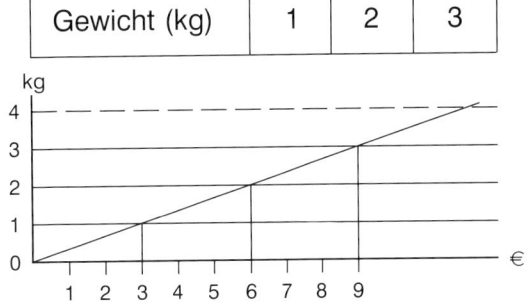

Preis (€)	3	6	9
Gewicht (kg)	1	2	3

Aus dem vorgegebenen Graphen für eine proportionale Zuordnung können **Wertepaare abgelesen** und eine **Tabelle** erstellt werden.

Preis (€)	4,5	7,5	10,5
Gewicht (kg)	1,5	2,5	3,5

Bearbeite die Aufgaben in deinem Heft.

1. Stelle fest, welche der Graphen eine proportionale Zuordnung darstellen.

a)  b) 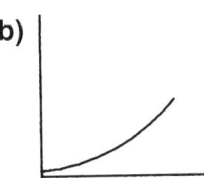 c) 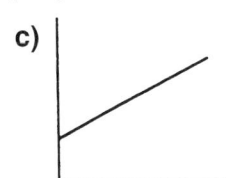 d)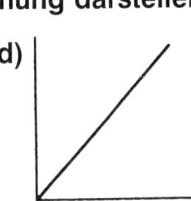

2. Erstelle einen Graphen zu der Wertetabelle.

Anzahl	3	5	6	8
Gewicht (kg)	30	50	60	80

3. Der Graph rechts zeigt zwei Geraden zu der Zuordnung

  Zeit ⟼ Weg für die Fahrzeuge X und Y.

  a) Erstelle 2 Tabellen und trage die Wege für die Fahrzeuge ein. Zeit: 2 h; 2,5 h; 3 h; 3,5 h.
  b) Lies die Fahrzeiten für die Fahrzeuge ab. Weg: 100 km; 200 km; 250 km; 400 km.

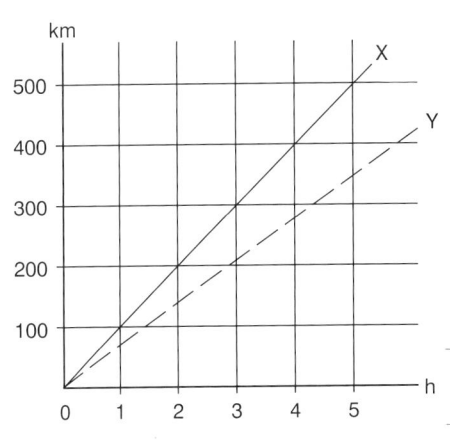

4. Zeichne die Halbgeraden zu den beiden Tabellen in ein Koordinatengitter.

X	1	2	3	4	5
Y	2	4	6	8	10

U	1	2	3	4	5
Z	2,5	5	7,5	10	12,5

Antiproportionale Zuordnungen 1

Lösung auf Seite 98

Eine antiproportionale Zuordnung ist eine Zuordnung, bei der zum 2-fachen, 3-fachen, 4-fachen ... der einen Größe auch der 2. Teil, 3. Teil, 4. Teil ... der anderen Größe gehört. D.h. in dem Maße, wie die eine Größe ansteigt, sinkt die ihr zugeordnete andere Größe.

Bagger	Zeit (h)
3	4
6	2
12	1

·2 → ·2 → (links), :2 ← :2 ← (rechts)

Wasservorräte (Tage)	Personen
40	24
20	48
10	96

:2 → :2 → (links), ·2 ← ·2 ← (rechts)

In **antiproportionalen Zuordnungen** sind einander zugeordnete Größenpaare **produktgleich**. D.h. dass die einzelnen Zahlenpaare in den Tabellen miteinander multipliziert den gleichen Wert haben. Das liegt daran, dass sich beide Werte gleichwertig zueinander verändern. Verdoppelt sich der eine, halbiert sich der andere. Am Endergebnis ändert das nichts. Es handelt sich dabei um das **Gesetz von der Konstanz des Produktes**.

Bagger	3	6	12
Zeit (h)	4	2	1
Produktwert	12	12	12

3·4=12   6·2=12   12·1=12

Wasservorrat (Tage)	40	20	10
Personen	24	44	96
Produktwert	960	960	960

*Wenn du alleine fürs Rasenmähen 2 Stunden brauchst, wirst du es mit Hilfe eines Freundes in der Hälfte der Zeit schaffen. Ihr benötigt **nicht** – wie bei einer proportionalen Zuordnung – das doppelte an Zeit. – Ist doch logisch, oder?*

1. Ergänze die Tabellen.

Fahrzeit (h)	1	2	4	2,5	8			12,5
Geschwindigkeit (km/h)	100					10	20	

Anzahl Tiere	24		12	8	4		3	48
Futtervorrat (d)	6	144				72		

Antiproportionale Zuordnungen 2

Löse die Aufgaben in deinem Matheheft.

2. Entscheide, welche der Größenpaare produktgleich sind.

Gewicht (kg)	Preis (€)
2	3,50
12	21,00
6	10,50
3	5,25

Anzahl Gewinner	Lottogewinn (€)
1	450
3	150
9	50
6	75

Anzahl Maurer	Arbeitsstunden (h)
2	8
4	4
10	1,6
1	16

Matheaufgaben	Zeit (h)
20	0,5
30	0,75
40	1
60	1,5

Alter (Jahre)	Größe (m)
12	1,50
15	1,70
17	1,75
18	1,80

Anzahl Kinder	Bonbons
24	3
12	6
6	12
3	24

3. Lege Tabellen an.

a) Ein Geschenk für einen Klassenkameraden kostet 36 €. Wie viel muss jedes Kind bei einer Gruppe von 12, 8, 4, 9 Kindern bezahlen?

Je mehr Kinder sich an dem Geschenk beteiligen, desto weniger muss jedes einzelne Kind bezahlen.

b) 12 Lastwagen fahren täglich in 4 Stunden Waren aus. Wie viele Stunden brauchen 6, 3, 4, 2 Lastwagen?

c) Um Bauschutt abzufahren, benötigen 4 Lastwagen 16 Tage. In welcher Zeit schaffen es 2, 3, 8, 10 Lastwagen?

d) 8 Maurer benötigen für eine Mauer 40 Stunden. Wie viele Maurer arbeiten, wenn die Arbeit in 80, 160, 320 Stunden erledigt wird?

e) Eine Straße erhält eine neue Teerdecke. Mit einer Maschine dauert die Arbeit 12 Tage. Wie lange brauchen 3, 4, 6 Maschinen?

Je mehr Maschinen die Arbeit erledigen, desto weniger Zeit wird benötigt.

Antiproportionale Zuordnungen 3

Denke daran: Je mehr, desto weniger – je weniger, desto mehr!

Löse die Aufgaben in deinem Matheheft.

4. Ein Flugzeug fliegt mit einer Geschwindigkeit von 960 km/h. Für die Strecke benötigt es 12 Stunden.
   a) Wie viele Stunden benötigt es für die gleiche Strecke bei einer Geschwindigkeit von 1080, 840, 720, 600 km/h? Lege eine Tabelle an.
   b) Mit welcher Geschwindigkeit muss es fliegen, wenn es die Strecke in 10, 9, 8 Stunden schaffen will?

5. 8 Pumpen füllen ein Schwimmbecken in 420 Minuten.
   Wie lange brauchen 6, 4, 2 Pumpen zum Füllen des Beckens?

6. 1 Überseekran entlädt ein Schiff in 768 Minuten.
   Nach 102 Minuten kommen 2 Kräne dazu.
   Wie lange benötigen sie für die restliche Arbeit?

7. Ergänze die Tabellen zu den antiproportionalen Zuordnungen.

1. Größe	24	6	12	4	3	2
2. Größe	10					120

1. Größe	2,5	15	30	10	5	25
2. Größe				10		

Länge (cm)	100	25	5			2	8		80	160	250	20	125
Stückzahl		4		40	400			25					

8. Welche der vier Tabellen gehören zu den antiproportionalen Zuordnungen?

Futtervorrat (kg)	10	20	5	1	2
Anzahl Tiere	5	10	2,5	50	100

Anzahl Kinder	12	6	24	72	96
Geldbetrag (€)	36	72	18	6	4,5

Anzahl Pumpen	1	2	5	9	4
Arbeitsstunden (h)	40	20	8	320	40

Anzahl Pumpen	40	10	5	20	8
Arbeitsstunden (h)	1	4	8	2	5

9. Ein Seil wird in 20 Teile zerschnitten. Jedes Teil ist 3,5 m lang.
   a) Wie lang ist die Schnur insgesamt?
   b) Wie viele Stücke erhält man, wenn jedes Teil 10 m lang sein soll?

10. Ein Bierfass enthält 150 l Bier. Damit werden 200 Flaschen gefüllt.
    a) Wie viel Liter Bier enthält eine Flasche?
    b) Wie viele kleinere Fässer könnte man mit der Menge füllen, wenn ein Fässchen 25 Liter Inhalt hat?

Zeichnerische Darstellung 1

Lösung auf Seite 98

Auch **antiproportionale Zuordnungen** kann man zeichnerisch darstellen. Das Schaubild (der Graph) einer antiproportionalen Zuordnung ist eine **gekrümmte Linie**, die beide Achsen nicht schneidet und nicht berührt. Die gekrümmte Linie nennt man **Hyperbel**.

Man kann zu den vorgegebenen Wertepaaren (Anzahl der Arbeiter und Arbeitsstunden) einer antiproportionalen Zuordnung einen Graphen zeichnen …

Anzahl Arbeiter (A)	1	2	3	4	5	6
Arbeitsstunden (h)	15	7,5	5	3,75	3	2,5

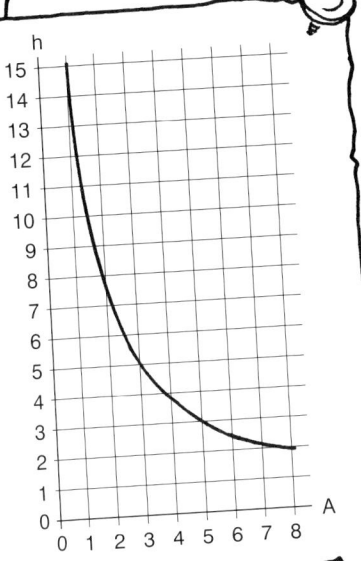

… oder aus dem vorgegebenen Graphen Wertepaare (Anzahl der Pumpen und Arbeitsstunden) ablesen und eine Tabelle erstellen.

Anzahl Pumpen (P)	1	2	3	4	5
Arbeitsstunden (h)	12	6	4	3	2,4

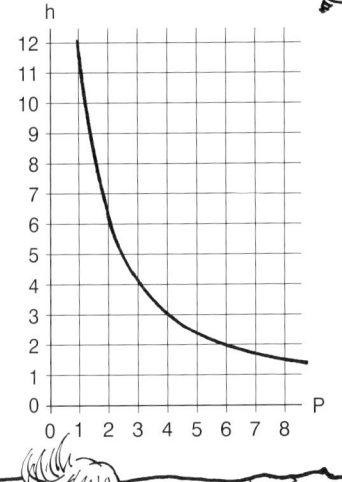

1. Stelle fest, welche der vier Graphen eine antiproportionale Zuordnung darstellen.

a)    b) 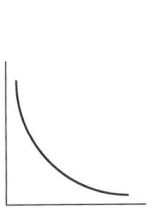   c) 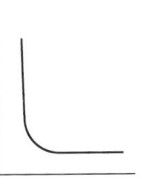   d)

Zeichnerische Darstellung 2

2. Erstelle jeweils einen Graphen zu den Wertetabellen.

Zeit (h)	1	1,25	2	2,5
Geschwindigkeit (km/h)	100	80	50	40

Fertigungszeit in h	20	10	8	5	4
Anzahl Maschinen	2	4	5	8	10

Vorrat in Tagen	50	37,5	30	25	20
Heizölverbrauch pro Tag in l	6	8	10	12	15

Es soll einen kalten Winter geben. Je weniger Heizöl verbraucht wird, desto länger reicht der Vorrat.

3. Erstelle für die Graphen eine Tabelle und trage die Wertepaare darin ein.

Die Graphen stellen folgende antiproportionale Zuordnungen dar:

Anzahl der LKW ⟼ Arbeitstage zum Abfahren einer Schutthalde

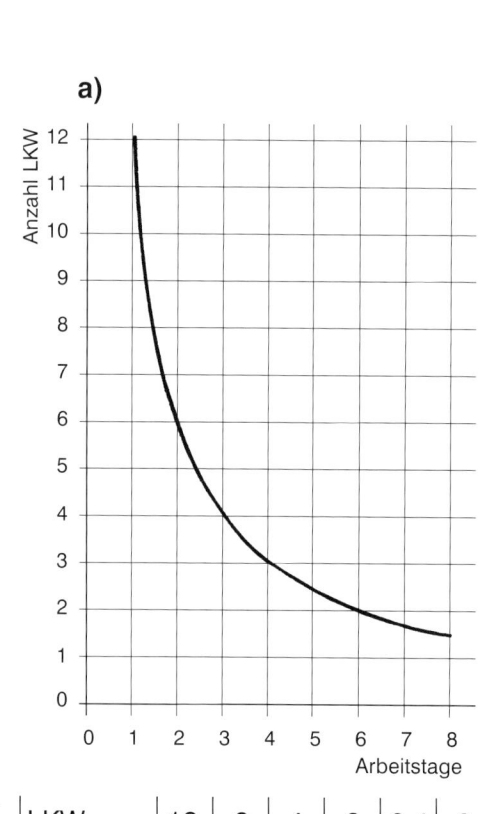

a)

LKW	12	6	4	3	2,4	2	1,71	1,5
Arbeit (d)								

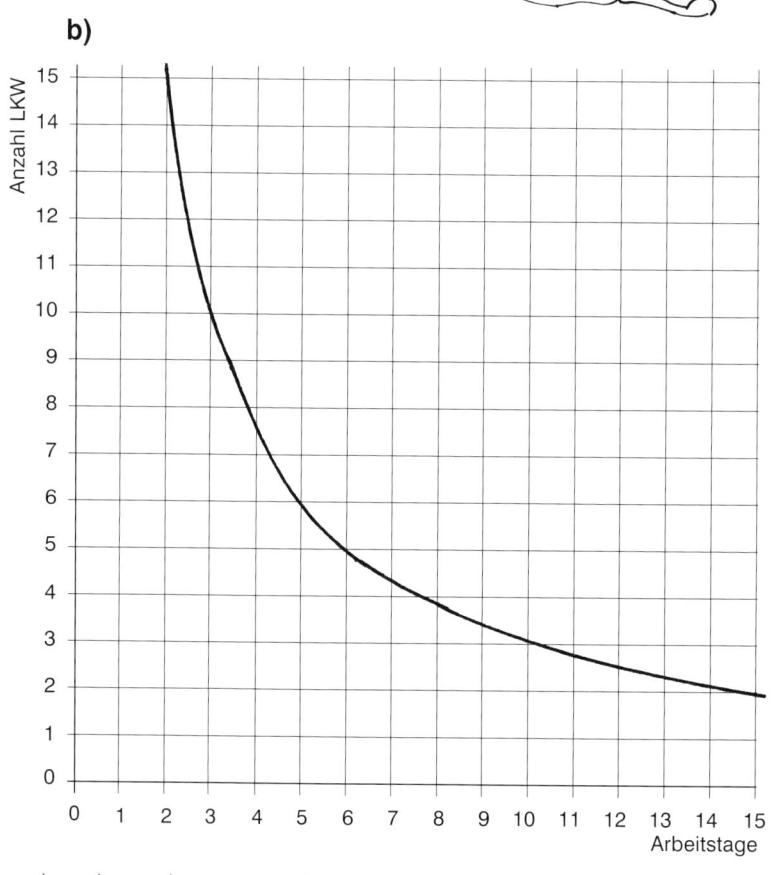

b)

LKW	15	10	7,5	6	5	4	3	2
Arbeit (d)								

Proportionaler Zweisatz

Proportionale Zuordnungen, bei denen man nur das Vielfache einer Größe kennt (z.B. nur weiß, dass 5 l Milch 2,95 € kosten), aber gerne wissen möchte, wie groß *eine* Einheit ist (also 1 l Milch), löst man durch **Division** mit dem **proportionalen Zweisatz**. Wenn man umgekehrt eine Einheit dieser Größe kennt und ein Vielfaches berechnen möchte, macht man das mit Hilfe der **Multiplikation**.

:5 5 l Milch kosten   2,95 €   :5   :4 4 Brötchen kosten   2,00 €   :4
    1 l Milch kostet   0,59 €   1 Brötchen kostet   0,50 €

·6 1 Apfel kostet   0,35 €   ·6   ·7 1 € entspricht   1,93 DM   ·7
    6 Äpfel kosten   2,10 €   7 € entsprechen   13,51 DM

1. Trage die fehlenden Werte ein.

a) 30 Dosen ≙ 60 €   b) 12 kg ≙ 42 €   c) 25 Stück ≙ 175 €   d) 500 g ≙ 5,95 €
   1 Dose ≙ ___ €   1 kg ≙ ___ €   1 Stück ≙ ___ €   100 g ≙ ___ €

Rechne die Aufgaben in deinem Matheheft.

2. Ein Arbeiter verdient in einer Stunde 20 €.
Wie viel verdient er an einem achtstündigen Arbeitstag?

3. Frau Sprengel kauft 32 Meter Stoff und bezahlt 414,40 €.
Wie viel kostet 1 Meter Stoff?

4. Frau Meiser benötigt einen Blumenstrauß mit 15 Rosen.
In der „Floristika" soll der ganze Strauß 28,50 € kosten.
In der „Azalea" kostet eine einzelne Rose 1,85 €.
In welchem Blumengeschäft wird Frau Meiser den Rosenstrauß kaufen?

5. Zwei Reisebüros bieten Reisen nach Schweden an.
Im ersten Reisebüro kostet die Pauschalreise für 14 Tage
Aufenthalt 665 €. Im zweiten Reisebüro kostet sie für 21 Tage 987 €.
Welches Reisebüro bietet den günstigeren Tagespreis?

6. Fülle die Tabellen mit den richtigen Werten aus.

Gewicht	Preis
10 kg	2,95 €
1 kg	___ €

Anzahl	Gewicht
150	1050 kg
1	___ kg

Strecke	Preis
350 km	437,50 €
1 km	___ €

Anzahl	Preis
500	1125 €
1	___ €

Proportionaler Dreisatz

Wenn man nicht nur wissen will, wie hoch das 1-Fache einer Größe ist, sondern auch ein neues Vielfaches dieser Größe berechnen will, braucht man den „**Dreisatz**". Bei diesem Rechenverfahren berechnet man, wie beim Zweisatz, zunächst die Einheit (durch Division). Anschließend multipliziert man die Einheit mit dem Faktor, der das Vielfache ergibt, um ein neues Vielfaches zu berechnen.

1. Satz: 200 g Wurst kosten 2,00 €
2. Satz: :2 → 100 g Wurst kosten 1,00 € ← :2
3. Satz: ·7 → 700 g Wurst kosten 7,00 € ← ·7

Kürzer:

200 g ≙ 2,00 €

100 g ≙ $\dfrac{2,00\,€}{2}$

700 g ≙ $\dfrac{2,00\,€ \cdot 7}{2} = 7,00\,€$

Berechne die Aufgaben in deinem Matheheft.

1. Satz: Schreibe die gegebenen Größen auf!
2. Satz: Rechne aus, wie viel 100 g Wurst kosten. (Umrechnung auf die Einheit)
3. Satz: Rechne aus, wie viel 700 g Wurst kosten. (Umrechnung auf das Vielfache)

1. 3 Videokassetten kosten 12 €. Wie viel kosten 5 Videokassetten?

2. Eine 13,75 m² große Wand soll gestrichen werden. Auf dem Aufkleber des Farbeimers steht: Inhalt 2,5 l für 15 m² Fläche. Reicht ein Farbeimer für die Wand?

3. 500 g Nüsse enthalten 40 g Wasser, 70 g Eiweiß und 310 g Fett. Wie viel Gramm der einzelnen Stoffe befinden sich in 650 g Nüssen?

4. In diesem Jahr sind 132 Kinder in einem Kindergarten. Die Einnahmen für den Kindergarten betrugen deshalb 78 936 €.
   a) Wie viel Beitrag zahlen die Eltern für 1 Kind?
   b) Für das nächste Jahr sind 138 Kinder angemeldet. Wie hoch werden die Einnahmen des Kindergartens sein?

5. „Inch" ist ein englisches Maß. 10 inches sind umgerechnet 25,4 cm. Ergänze die Umrechnungstabelle.

inch	1	2	3	4	5	6	7	8	9	10	11	12
cm										25,4		

6. Frau Apsel vergleicht zwei ihrer Tankrechnungen aus der letzten Woche miteinander. Sie errechnet, welche der beiden Tankstellen preisgünstiger ist. Bei der Tankstelle A hat sie für 45,5 l einen Betrag von 47,32 € bezahlt. Bei der Tankstelle B hat sie 55 l getankt und 56,65 € bezahlt.
   a) An welcher Tankstelle war der Literpreis günstiger?
   b) Wie viel Euro hätte Frau Apsel gespart, wenn sie beide Male an der preisgünstigeren Tankstelle getankt hätte?

Antiproportionaler Zweisatz

Der **antiproportionale Zweisatz** ist etwas komplizierter. Da zwischen den Größen eine *„je mehr – desto weniger"*- oder *„je weniger – desto mehr"*-Beziehung besteht, muss man **gleichzeitig dividieren** und **multiplizieren**, wenn man eine Einheit der Größe berechnen will. Die Division und Multiplikation erfolgt mit derselben Zahl.

:4 ⟶ 4 Pumpen arbeiten 25 Minuten ⟵ ·4   :6 ⟶ 6 LKWs fahren 60 Minuten ⟵ ·6
      1 Pumpe arbeitet 100 Minuten   1 LKW fährt 360 Minuten

·8 ⟶ 1 Maurer arbeitet 8 Stunden ⟵ :8   ·5 ⟶ 1 Gewinner erhält 500 € ⟵ :5
      8 Maurer arbeiten 1 Stunde   5 Gewinner erhalten 100 €

1. Trage die fehlenden Werte ein.

a) 18 Kinder ≙ 6 Bonbons   b) 7 Pumpen ≙ 14 h
   1 Kind ≙ ___ Bonbons   1 Pumpe ≙ ___ h

c) 4 LKW ≙ 20 h   d) 5 Gewinner ≙ 600 €
   1 LKW ≙ ___ h   1 Gewinner ≙ ___ €

„Alleine brauche ich für die Aufgaben auf dieser Seite eine Stunde. Wenn ich sie mir mit Max aufteile, benötigen wir nur die Hälfte der Zeit. Es sei denn, er trödelt wieder so rum wie letztes Mal."

Rechne die Aufgaben in deinem Matheheft.

2. 5 Bagger heben eine Baugrube in 24 Stunden aus. Wie viele Stunden würde 1 Bagger für die gleiche Arbeit benötigen?

3. Bei Familie Wulf steht der Keller nach einem Gewitterregen unter Wasser. 16 m³ Wasser müssen aus dem Keller geschöpft werden.
  a) Wie viele Eimer Wasser müssen geschöpft werden, wenn 1 Eimer 10 l fasst?
  b) Wie viele Eimer müssen geschöpft werden, wenn 1 Eimer 2,5 l fasst?

4. Familie Schulz fährt in den Urlaub. Sie fahren mit einer gleichmäßigen Geschwindigkeit von 120 km/h und brauchen für die Strecke 8 Stunden. Wie lange würde die Familie für die Strecke bei einer Geschwindigkeit von 60 km/h brauchen?

5. Ein Bauernhof hat für 6 Pferde einen Futtervorrat für 60 Tage angelegt. Wie lange käme 1 Pferd mit dem gleichen Vorrat aus?

6. Setze die passenden Werte in die Tabellen der antiproportionalen Zuordnungen.

Länge (m)	Anzahl (Stück)
20	130
1	___

Anzahl Arbeiter	Arbeitsstunden (h)
15	12
1	___

Anzahl Tage (d)	Geldbetrag (€)
25	79
1	___

Antiproportionaler Dreisatz 1

Lösung auf Seite 99

Bei **antiproportionalen Zuordnungen** müssen immer zwei einander zugeordnete Größen bekannt sein. Davon ausgehend, kannst du alle anderen Größen berechnen. Dazu braucht man den **antiproportionalen Dreisatz**. Dabei rechnet man von einem Vielfachen **durch Dividieren** auf der **linken Seite** und durch **gleichzeitiges Multiplizieren** auf der rechten Seite auf eine Einheit. Danach rechnet man **durch Multiplizieren** auf der **linken Seite** und durch **gleichzeitiges Dividieren** auf der rechten Seite wieder auf das Vielfache. Die Lösung erfolgt in **3 Sätzen**.

1. Satz: :7 ⟶ 7 Kinder bekommen je 21 Bonbons ⟵ ·7
2. Satz: :7 ⟶ 1 Kind bekommt 147 Bonbons ⟵ ·7
3. Satz: ·3 ⟶ 3 Kinder bekommen je 49 Bonbons ⟵ :3

Kürzer:

7 Kinder ≙ 21 Bonbons

1 Kind ≙ 21 · 7

3 Kinder ≙ $\frac{21 \cdot 7}{3}$ = 49

1. Satz: Schreibe die gegebenen Größen auf.
2. Satz: Rechne aus, wie viele Bonbons ein Kind bekommt. (Umrechnung auf die Einheit)
3. Satz: Rechne aus, wie viele Bonbons 3 Kinder bekommen. (Umrechnung auf das Vielfache)

Rechne die Aufgaben in deinem Matheheft.

1. Es haben 1200 Menschen eine Reise auf einem Passagierschiff gebucht. Der Lebensmittelvorrat auf diesem Schiff reicht für 30 Tage.
   a) Vor Reiseantritt sagen 200 Passagiere die Reise ab. Wie viele Tage kommen die restlichen Passagiere mit dem Vorrat aus?
   b) Das Schiff hätte Platz für 1800 Passagiere. Wie viele Tage hätte der Vorrat gereicht, wenn alle Kabinen ausgebucht gewesen wären?

2. Das Schwimmbecken im Freibad muss mit Wasser gefüllt werden. 3 große Wasserschläuche füllen es in 270 Minuten.
   a) In welcher Zeit kann mit 9 Wasserschläuchen das Schwimmbecken gefüllt werden?
   b) Wie viel Zeit benötigt man mit 5 Wasserschläuchen?

3. Bauer Krüsgen will sein Getreidefeld abernten. Seine 2 Mähdrescher könnten die Arbeit in 18 Stunden bewältigen. Der Nachbar leiht Bauer Krüsgen noch einen Mähdrescher. In welcher Zeit ist das Feld abgeerntet, wenn alle 3 Mähdrescher gleichzeitig in Betrieb sind?

4. Frau Zimmer schneidet zum Basteln eine Rolle Papier in 25 Stücke mit 40 cm Länge. Wie viele Stücke hätte sie bekommen, wenn sie die Rolle in Stücke von 50 cm geschnitten hätte?

Antiproportionaler Dreisatz 2

Lösung auf Seite 99

**Hier haben sich auch *proportionale Zuordnungen* dazwischengemogelt.
Löse nur die *antiproportionalen Zuordnungen* mit Hilfe des Dreisatzes.**

5. Familie Jung will das Wohnzimmer mit Teppichfliesen auslegen. Bei einer Bodenfläche von 27 m² benötigt sie 300 Stück von der Größe 30 cm x 30 cm. Wie viel Stück braucht sie bei einer Fliesengröße von 50 cm x 50 cm?

6. Die Fahrt mit einem Großraumtaxi kostet 60 €. 5 Fahrgäste teilen sich den Fahrpreis.
   a) Wie viel Euro muss jede Person bezahlen?
   b) Was hätte jeder bei gleichbleibendem Fahrpreis zahlen müssen, wenn 6 Personen mitgefahren wären?

7. Um 20 Matheaufgaben zu lösen, braucht Mathew eine Stunde.
   a) Wie lange würde er für 30 Aufgaben benötigen?
   b) Wie viele Aufgaben schafft er in 2 Stunden?

8. Ein 450 cm³ großes Stück Steinkohle wiegt 630 g. Wie viel wiegt ein 1 m³ großes Stück Steinkohle?

9. Für die Spargelernte hat Herr Densen 17 Personen eingestellt. Diese schaffen die Arbeit in $3\frac{1}{4}$ Stunden. Wie lange würde die Arbeit dauern, wenn 2 Personen bei der Ernte ausfallen?

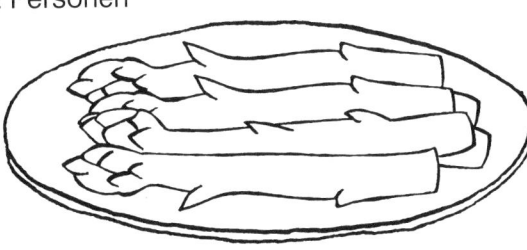

Die Mathe-Merk-Mappe – Klasse 7

Flussdiagramm

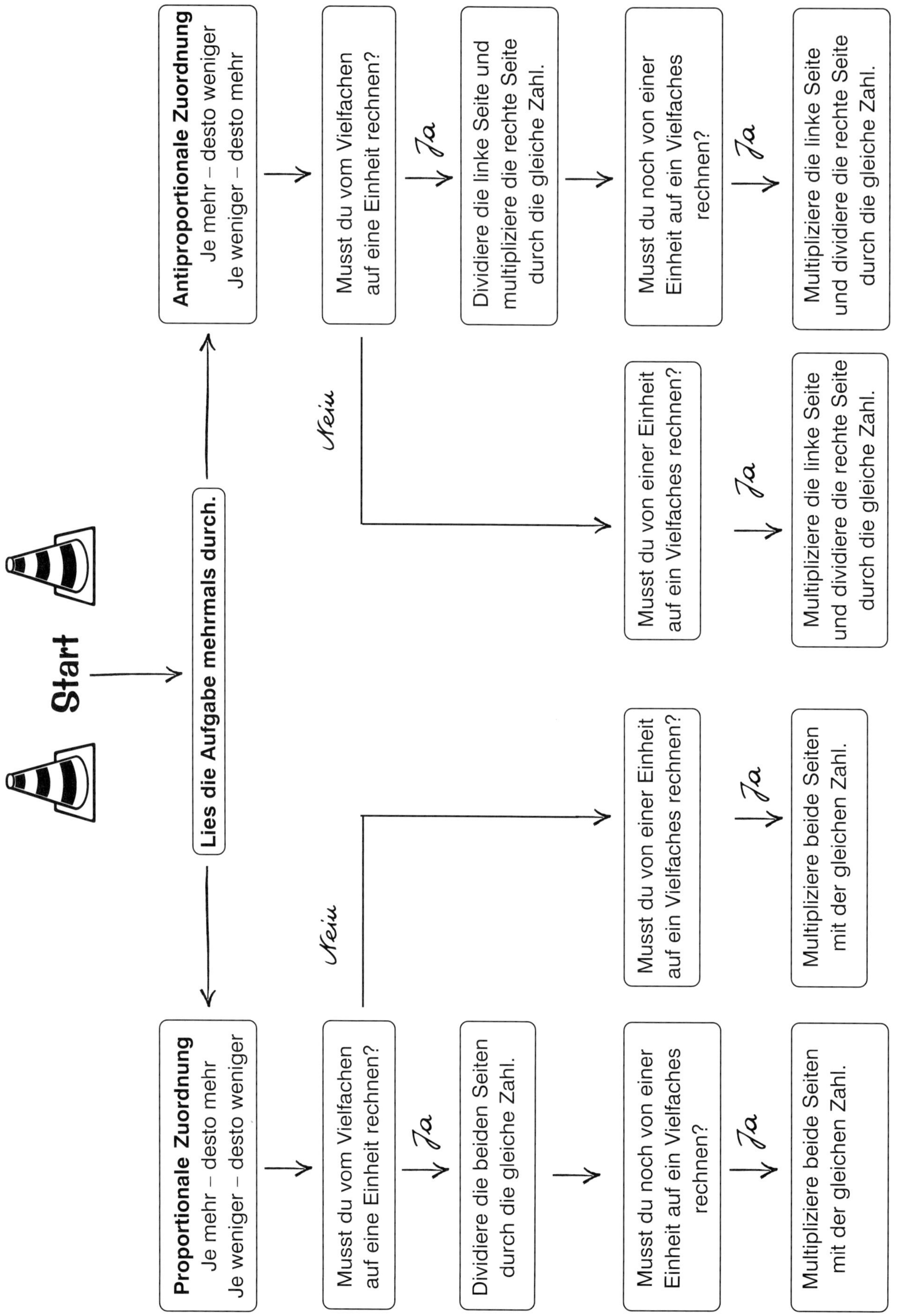

Start

Lies die Aufgabe mehrmals durch.

Proportionale Zuordnung
Je mehr – desto mehr
Je weniger – desto weniger

Antiproportionale Zuordnung
Je mehr – desto weniger
Je weniger – desto mehr

Proportionale Zuordnung (Nein-Zweig)

Musst du vom Vielfachen auf eine Einheit rechnen? → **Ja** → Dividiere die beiden Seiten durch die gleiche Zahl.

Musst du noch von einer Einheit auf ein Vielfaches rechnen? → **Ja** → Multipliziere beide Seiten mit der gleichen Zahl.

Musst du von einer Einheit auf ein Vielfaches rechnen? → **Ja** → Multipliziere beide Seiten mit der gleichen Zahl.

Antiproportionale Zuordnung

Musst du vom Vielfachen auf eine Einheit rechnen? → **Ja** → Dividiere die linke Seite und multipliziere die rechte Seite durch die gleiche Zahl.

Musst du noch von einer Einheit auf ein Vielfaches rechnen? → **Ja** → Multipliziere die linke Seite und dividiere die rechte Seite durch die gleiche Zahl.

Musst du von einer Einheit auf ein Vielfaches rechnen? → **Ja** → Multipliziere die linke Seite und dividiere die rechte Seite durch die gleiche Zahl.

Die Mathe-Merk-Mappe – Klasse 7

Rationale Zahlen und Rechengesetze

Was sind rationale Zahlen?

Zu den rationalen Zahlen gehören
positive und negative ganze Zahlen:
... −2, −1, 0, +1, +2, ...
positive und negative Bruchzahlen:
$-\frac{3}{4}, +\frac{1}{2}$
positive und negative Dezimalzahlen:
−1,5; +89,7; −0,5

Wozu brauchst du rationale Zahlen im Alltag?

Will man Tage, Kühe oder Bonbons zählen, reichen dazu die natürlichen Zahlen (bzw. die ganzen Zahlen) aus.

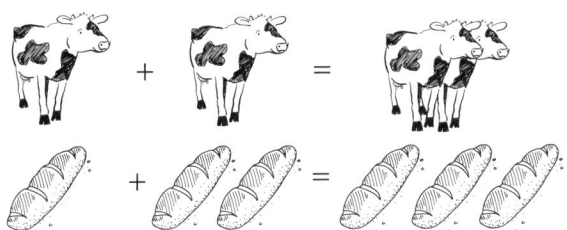

Wenn man aber nicht nur ganze Dinge zählen oder berechnen will, sondern Anteile davon, muss man den Zahlenbereich erweitern. Beim Einkaufen z.B., muss die Verkäuferin berechnen können, wie viel ein halbes Brot oder 7 Stücke einer Torte kosten, wenn der Kunde kein ganzes Brot oder keine ganze Torte kaufen will. Dazu braucht sie die rationalen Zahlen. Denn Teile eines Ganzen werden durch Bruchzahlen oder durch Dezimalzahlen ausgedrückt und diese gehören zu den rationalen Zahlen. Sie zeigen Abstufungen zwischen den ganzen Zahlen.

1   −   0,5   =   0,5

$\frac{7}{10}$

Wozu rationale Zahlen z.B. sonst noch zu gebrauchen sind:

1. Mit Hilfe von rationalen Zahlen kannst du außerdem den Kontostand von deinem Konto berechnen. Du hast 332 € auf deinem Konto. Nun willst du dir einige Wünsche erfüllen: Videospiel 35 €, Hose 42,95 €, Pullover 19,95 €, Schuhe 56,90 € und ein Fahrrad für 195 €. Du rechnest zusammen und berechnest, ob das Geld auf deinem Girokonto reicht. Musst du mehr abheben, als dein Kontostand zeigt, ist dein Girokonto im Minusbereich.

2. Damit kannst du Temperaturen vergleichen. Du siehst auf das Thermometer und liest +4 °C ab. Der Wetterbericht sagt voraus, dass die Temperatur morgen um 6 °C fallen soll. Am nächsten Tag zeigt das Thermometer −2 °C. Wenn du nachrechnest, erkennst du, dass der Wetterbericht eine richtige Vorhersage getroffen hat.

Was sind Rechengesetze?

Rechengesetze sind Verkehrsregeln für Zahlen. Sie sagen dir, wie du mit Zahlen rechnen musst.

Wozu braucht man Rechengesetze im Alltag?

Du hast mehrere Teile eingekauft und überprüfst den Kassenbon. Beim Addieren tauscht du die Summanden aus, weil du dabei runde Zwischensummen bekommst. Durch das zugehörige Rechengesetz (Kommutativgesetz) weißt du, dass das Austauschen am Ergebnis nichts ändert. Mit Hilfe von Rechengesetzen kann man mit Zahlen „jonglieren" und sie zusammenfügen/verändern, um Rechnungen zu vereinfachen.

Ganze Zahlen

> - Durch die ganzen Zahlen wird der Zahlenstrahl zur Zahlengeraden erweitert. Die Zahlengerade sieht aus wie ein waagerecht liegendes Thermometer – *links* von der Null befinden sich die negativen Zahlen, *rechts* von der Null die positiven Zahlen.
> - Die Null erhält *kein* Vorzeichen, weil sie weder positiv noch negativ ist.
> - Die Menge der natürlichen Zahlen $\mathbb{N} = \{0, 1, 2, 3, ...\}$ wird durch die Menge der negativen ganzen Zahlen $\mathbb{Z} = \{-1, -2, -3, ...\}$ erweitert. Daraus ergibt sich die Menge der ganzen Zahlen $\mathbb{Z} = \{... -3, -2, -1, 0, +1, +2, +3, ...\}$

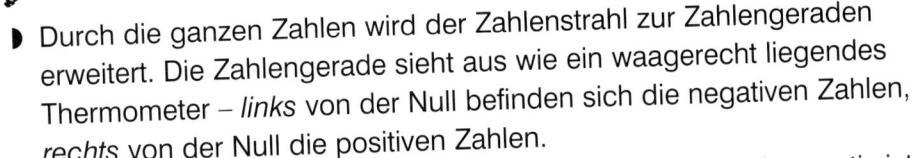

negative ganze Zahlen   positive ganze Zahlen

Ganze Zahlen unterscheiden sich von den natürlichen durch ihr Vorzeichen (+ oder –).
Ganze Zahlen mit einem Minuszeichen nennt man **negative ganze Zahlen**.
Ganze Zahlen mit einem Pluszeichen nennt man **positive ganze Zahlen**.

> *Tagsüber war es 23 °C warm. Nachts kühlte sich die Temperatur auf 12 °C ab. Das sind ganze 11 °C weniger. Heißt: 11 Schritte nach links in Richtung Minus-Bereich.*

Löse die Aufgaben.

1. Zeichne eine Zahlengerade bis +10 und –10 (Heft quer legen!).
   Schreibe die folgenden 4 Zahlenreihen auf.
   a) Gehe in Zweierschritten von +7 zurück.
   b) Gehe in Dreierschritten von – 1 vor.
   c) Gehe in Viererschritten von +10 zurück.
   d) Gehe in Dreierschritten von – 9 vor.

2. Trage die passenden Zahlen in die Zahlengeraden ein.

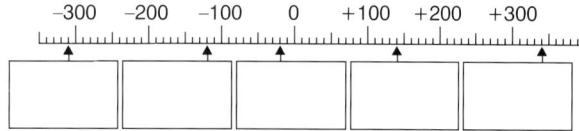 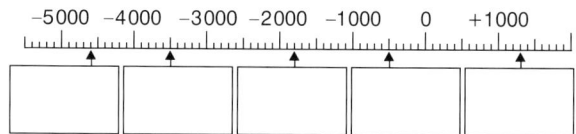

3. Setze die Reihen jeweils um 4 Zahlen fort.
   a) +17, +10, +3, –4, –11, ... b) –5, –12, –19, –26, –33, ...
   c) 0, –1, –3, –6, –10, –15, ... d) –5, +2, –10, +7, –15, +12, ...

4. Zeichne passende Zahlengeraden ins Heft und trage die Zahlen ein.
   a) –5   +3   –2   +1   –6   +6   –4
   b) –17   –13   –12   +9   +8   –7   –14   –3
   c) +5000   +2000   –1000   –7000   –4000   +3000   –6000
   d) –600   +700   –300   +500   –100   –400   +200

Rationale Zahlen

Rationale Zahlen nennt man alle Zahlen, die als **Quotient** zweier ganzer Zahlen geschrieben werden können. Man bezeichnet die Menge der rationalen Zahlen mit ℚ.
Zu der Menge der rationalen Zahlen ℚ gehören:
- die positiven und negativen ganzen Zahlen
- die positiven und negativen Bruchzahlen
- die positiven und negativen Dezimalzahlen

Die Division kannst du auch als Bruch schreiben $\frac{14}{7} = 2$.

$14 : 7 = 2$
Dividend Divisor Quotient

positive und negative ganze Zahlen:

$+15$ -891

positive und negative Bruchzahlen:

$+\frac{1}{8}$ $-\frac{2}{10}$

positive und negative Dezimalzahlen:

$+3{,}75$ $-1{,}98$

1. **Unterstreiche die richtigen Aussagen.**

   a) Alle positiven Bruchzahlen sind rationale Zahlen.
   b) Alle natürlichen Zahlen sind rationale Zahlen.
   c) Die Zahl 0 ist eine positive Bruchzahl.
   d) Nur alle negativen Dezimalzahlen sind rationale Zahlen.
   e) Die ganzen Zahlen gehören nicht zu den rationalen Zahlen.

2. **Trage die passenden Zahlen in die Zahlengerade ein.**

   a) −14   −13   −12
   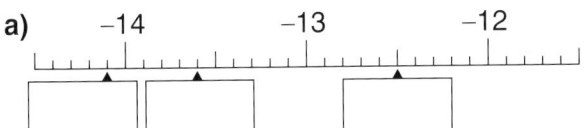

   b) +25   +26   +27
   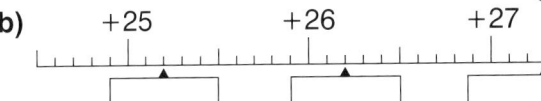

   c) −3,1   −3,0   −2,9
   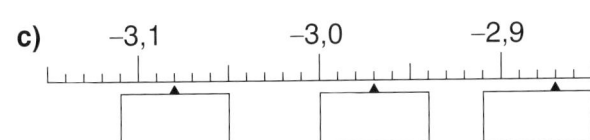

   d) −21,9   −21,8   −21,7
   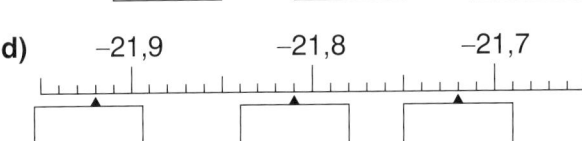

Löse die Aufgaben in deinem Matheheft.

3. **Zeichne Zahlengeraden und trage die Zahlen ein.**

   a) $-4{,}5$ $+1\frac{1}{2}$ $-2\frac{1}{5}$ $+2{,}5$ $-3\frac{5}{8}$
   b) $-4\frac{3}{10}$ $+2{,}3$ $+0{,}7$ $-1{,}3$ $+\frac{4}{5}$

4. **Zeichne eine Zahlengerade und trage die Temperaturen ein (1 cm = 1 °C).**

Hamburg	3,1 °C	Bonn	3,4 °C
Münster	2,8 °C	Koblenz	3,9 °C
Köln	3,0 °C	Frankfurt	2,8 °C

   München −1,0 °C
   Oberstdorf −1,5 °C
   Kempten −2,2 °C

Anordnung rationaler Zahlen

Je weiter man auf dem Zahlenstrahl nach links wandert, desto kleiner werden die Zahlen.

Bei dem Vergleich von zwei rationalen Zahlen liegt die kleinere Zahl auf dem Zahlenstrahl links von der größeren.

a) −5 liegt links von +1   Du schreibst: −5 < +1

b) −4 liegt links von −1   Du schreibst: −4 < −1

c) +2 liegt rechts von −3   Du schreibst: +2 > −3

1. Unterstreiche die richtigen Aussagen.

−28 > −36   +145 < −415   +98 > −130 $-\frac{1}{5} < -\frac{1}{3}$ +2,5 > −2,5

2. Ordne die Zahlen nach der Größe. Beginne mit der kleinsten Zahl.

a) +1   −8   0   +3,5   −40,2 $-\frac{1}{10}$ −9

b) −99,9   +109,9   +0,9   −99,0   −1,9 $+\frac{1}{9}$ −9

3. Notiere die Vorgänger- und Nachfolgerzahl.

a) ___ < −3,25 < ___   **b)** ___ < −20,3 < ___   **c)** ___ < $-\frac{5}{20}$ < ___   **d)** ___ < $-5\frac{1}{2}$ < ___

___ < +12,67 < ___   ___ < $+13\frac{2}{3}$ < ___   ___ < $-\frac{3}{7}$ < ___   ___ < +4,5 < ___

4. Die Tabelle gibt Werte für die Schmelzpunkte einiger Stoffe an. Ordne sie der Größe nach.

	Schmelzpunkt (°C)		Schmelzpunkt (°C)
Quecksilber	−39	Benzin	−57
Wasser	0	Luft	−213
Schwefelsäure	3	Sauerstoff	−219
Wasserstoff	−259	Chlor	−101
Azeton	−95	Glycerin	18

5. Setze die Zeichen < oder > ein.

a)			b)			c)			d)		
+3		+10	−6		−4	+7		−5	0		−5
−15		−51	−38		+83	−69		−96	−81		+18
+121		−112	−108		+118	+594		−594	−890		−891
−3495		−3490	+4581		+4851	+6742		−6427	−2405		−2504

Betrag und Gegenzahl

Lösung auf Seite 100

Den Abstand, den eine rationale Zahl zur 0 hat, nennt man ihren **Betrag**.
Man schreibt es: $|+8|$ oder $|-5|$ (gelesen: *„Betrag von …"*).
Zwei Zahlen, die den gleichen Betrag, aber unterschiedliche Vorzeichen haben, nennt man **Gegenzahlen** oder **inverse Zahlen**. Die Gegenzahl von 0 ist 0.

- Das Vorzeichen gibt an, ob die Zahl über oder unter Null liegt.
- Der Betrag gibt an, wie weit die Zahl von der Null entfernt liegt.
- Der Betrag jeder rationalen Zahl ist positiv (auch wenn es eine negative Zahl ist).

$|+9| = 9$ Du liest: Der Betrag von +9 ist 9. $|+3{,}95| = 3{,}95$ $|+\frac{5}{7}| = |\frac{5}{7}|$

$|-9| = 9$ Du liest: Der Betrag von −9 ist 9. $|-3{,}95| = 3{,}95$ $|-\frac{5}{7}| = |\frac{5}{7}|$

- Zu jeder rationalen Zahl gibt es eine Gegenzahl.
- Gegenzahlen haben den gleichen Betrag.

+7 ist die Gegenzahl von −7   −5 ist die Gegenzahl von +5

1. Notiere die Gegenzahlen in deinem Matheheft.

a) +127   b) −0,25   c) $-\frac{4}{5}$ d) +12,45   e) $-3\frac{13}{15}$ f) +1,70

   −595   +9,02 $+\frac{4}{7}$ −35,91 $+7\frac{11}{16}$ −9,99

2. Notiere zu jeder Zahl die positive und die negative Zahl.

a) 5   b) 23   c) 235   d) 3 501   e) 14 798   f) 135 678

   8   85   592   6 590   35 771   456 719

3. Fülle die Tabelle aus.

Zahl	−7,9		+0,56		$-\frac{3}{5}$		−35,8	
Gegenzahl		−9,34		$+\frac{3}{50}$				+0,05
Betrag			6			100		

4. Setze die Zeichen <, = oder > ein.

a) $|-4{,}9|\ \square\ |-4{,}91|$ b) $|-5{,}7|\ \square\ |+5{,}7|$ c) $|-\frac{1}{3}|\ \square\ |-\frac{1}{2}|$ d) $|+5|\ \square\ |-3|$

5. Ordne die Zahlen nach ihrer Größe. Beginne mit der kleinsten Zahl.

−5   +3 $|-2|$ −3,5 $|-4{,}2|$ $|+5|$ +1,5 $-\frac{1}{5}$

6. Bilde die Beträge der Zahlen und setze die Zeichen <, = oder > ein.

a) $-67\ \square\ +67$ b) $-3{,}9\ \square\ +5{,}6$ c) $-\frac{2}{7}\ \square\ +\frac{4}{14}$ d) $+5{,}5\ \square\ -5\frac{1}{2}$

   $+78\ \square\ -39$ $+4{,}5\ \square\ -4{,}05$ $+\frac{3}{9}\ \square\ -3{,}9$ $-6\frac{1}{10}\ \square\ +10{,}6$

Zunahme und Abnahme

Die **Zunahme** wird durch **positive Zahlen**,
die **Abnahme** dagegen durch **negative Zahlen** dargestellt.

Auf der Zahlengeraden bewegt sich eine Zunahme in die rechte Richtung, eine Abnahme in die linke Richtung – ähnlich wie bei einem Thermometer. Dort bewegt sich die Quecksilbersäule bei einem Temperaturanstieg zum positiven Bereich hin, bei einer Temperaturabnahme zum negativen Bereich.

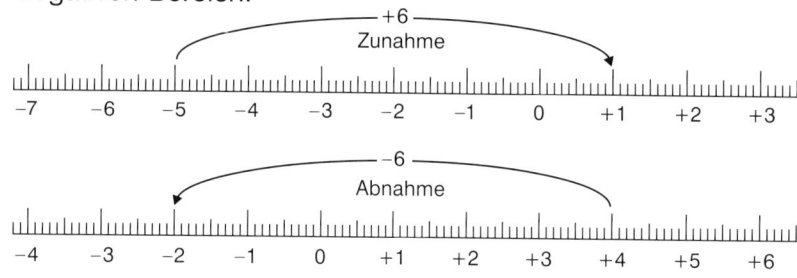
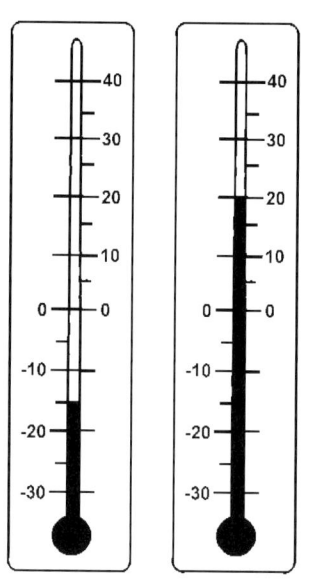

1. Bestimme die Zunahmen und Abnahmen.

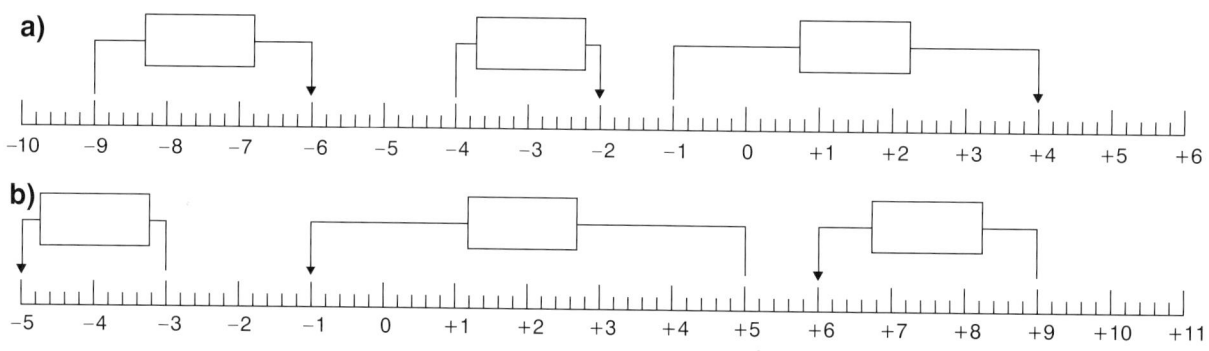

2. Setze die fehlende Zunahme oder Abnahme ein.

a) $-16 \square -10$
$-2{,}5 \square +1{,}9$
$+\frac{1}{5} \square -\frac{1}{5}$

b) $+43 \square +24$
$+13{,}6 \square -11{,}3$
$-\frac{5}{3} \square +1\frac{1}{2}$

c) $-135 \square +2$
$+17{,}8 \square +25{,}7$
$-1\frac{2}{5} \square -3\frac{1}{8}$

d) $+356 \square +299$
$-36{,}1 \square -45{,}5$
$+\frac{1}{10} \square +2\frac{3}{5}$

3. Setze die fehlenden Werte ein.

Zahl	−3,9		+502			$-35\frac{2}{9}$		−59	
Zunahme/Abnahme		−15,3		+37,8	−60		−123		+9,3
Ergebnis	+8,1	+26,1	+347	−88,8	+60	$-13\frac{1}{9}$	+226	−95	+15,6

4. Bestimme, ob es sich um eine Zunahme oder Abnahme handelt.

a) von −8495 nach −6734
von −1203 nach −2501

b) von +4506 nach +2511
von +3594 nach +3945

c) von −2344 nach +2344
von +1000 nach −2000

Addition rationaler Zahlen 1

Haben beide rationale Zahlen die gleichen Vorzeichen, so addiert man die Beträge und gibt der Summe das **gemeinsame Vorzeichen** der Summanden.

$(+5) + (+2) = + (5+2) = +7$

$(-5) + (-3) = - (5+3) = -8$

Vorzeichen   Rechenzeichen

$(-6) + (-5) = -11$

Löse die Aufgaben in deinem Matheheft.

1. a) $(+23) + (+46)$ b) $(+35) + (+99)$ c) $(+345) + (+678)$ d) $(+1563) + (+526)$
   e) $(+3,9) + (+14,9)$ f) $(+6\frac{3}{4}) + (+7\frac{1}{8})$ g) $(+77,5) + (+104,25)$ h) $(+255,2) + (+0,73)$

2. a) $(-17) + (-18)$ b) $(-96) + (-67)$ c) $(-321) + (-125)$ d) $(-4934) + (-2673)$
   e) $(-5,1) + (-13,8)$ f) $(-5\frac{1}{9}) + (-3\frac{2}{3})$ g) $(-19,5) + (-12,6)$ h) $(-610,3) + (-45,6)$

Ergänze die fehlenden Angaben.

3. a) $(+13) + (\quad) + (+19) = +78$ b) $(+145) + (+233) + (\quad) = +611$
   c) $(\quad) + (+304) + (+12) = +418$ d) $(\quad) + (+405) + (+7361) = +8210$

4. a) $(-43) + (\quad) + (-78) = -205$ b) $(-363) + (-798) + (\quad) = -1544$
   c) $(\quad) + (-68,2) + (-36,9) = -115,8$ d) $(-14\frac{4}{5}) + (\quad) + (-18,8) = -45$

5. **Unterstreiche die richtigen Aussagen.**
   a) $(-17) + (-18) = (-20) + (-15)$ b) $(-23) + (-161) > (-145) + (-38)$
   c) $(-20) + (-36) + (-37) > (+78) + (+14)$ d) $(+41) + (+234) + (+12) = (+103) + (+184)$

Löse die Aufgaben in deinem Matheheft.

6. In Bayern zeigt das Thermometer an einem Wintertag $-5,4\,°C$. Nachts fällt die Temperatur um $2,3\,°C$ ab. Wie viel °C zeigt das Thermometer an?

7. Welche Zahl muss man zu -45 addieren, um -162 zu erhalten?

8. Herrn Schüttes Kontostand beträgt $-1257\,€$. Er hebt noch $950\,€$ ab. Wie hoch ist sein Konto jetzt überzogen?

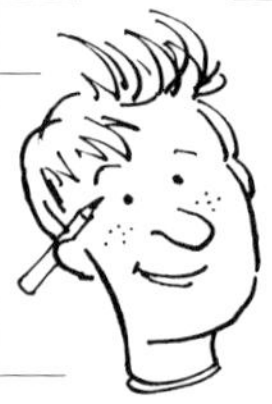

Addition rationaler Zahlen 2

Lösung auf Seite 100

Bei der **Addition** rationaler Zahlen mit **verschiedenen Vorzeichen** subtrahiert man den kleineren von dem größeren Betrag.
Der Differenz gibt man das **Vorzeichen des größeren Betrages**.

(+6) + (–4) = + (6 – 4) = +2

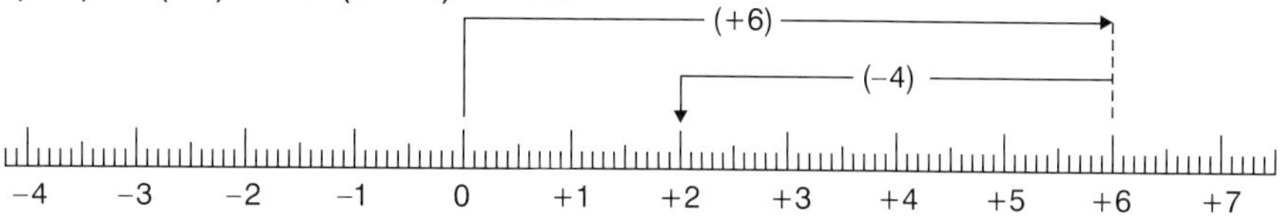

a) (–8) + (+6) = –(8 + 6) = –2

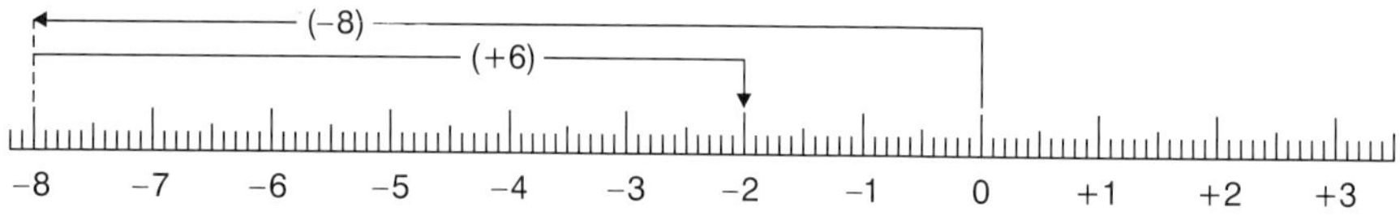

b) (–4) + (+6) = +(6 – 4) = +2

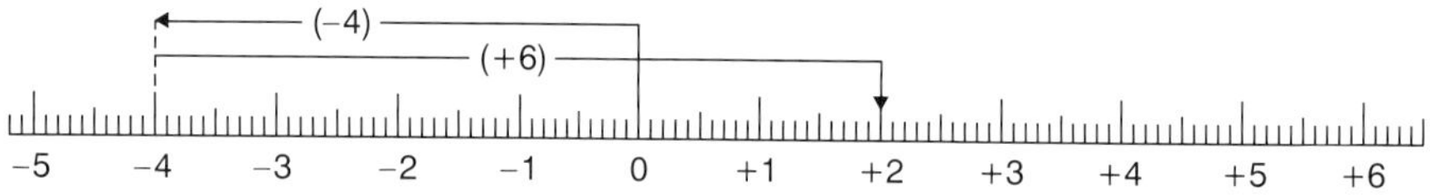

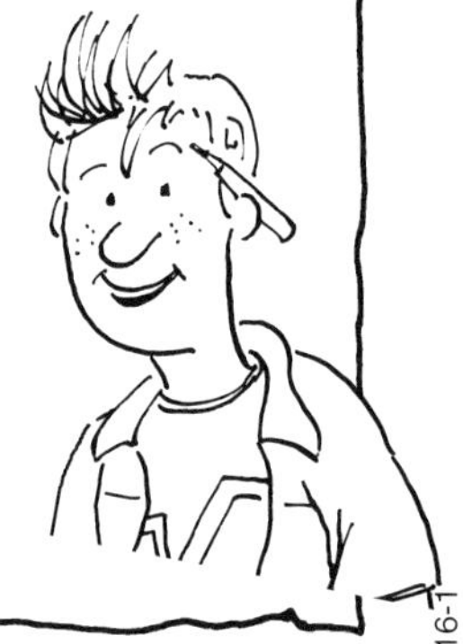

9. Löse die Aufgaben in deinem Matheheft.

a) (+56) + (–12)	**b)** (–538) + (+760)	**c)** $(-4\frac{8}{10}) + (+2\frac{3}{4})$	**d)** (+12,7) + (–10,1)
(–17) + (+18)	(+345) + (–230)	$(+5\frac{7}{8}) + (-3\frac{5}{12})$	(–16,3) + (+9,2)
(+88) + (–33)	(–285) + (+184)	$(-2\frac{5}{6}) + (+3\frac{1}{4})$	(+15,8) + (–8,9)

10. Setze die fehlenden Vorzeichen ein.

a) (+46) + (–20) = ☐ 26	**b)** (+40) + (☐ 50) = –10	**c)** (☐ 9,2) + (–19,3) = –10,1
(–15) + (+8) = ☐ 7	(☐ 59) + (☐ 50) = –9	(☐ 5,6) + (☐ 3,2) = +2,4

Löse die Aufgaben in deinem Matheheft.

11. Frau Holle bekommt monatlich 1366 € Rente auf ihr Konto überwiesen. Folgende Abbuchungen hat sie: die Miete –489 €, für Gas, Wasser und Strom –106 €, die Rate für das neue Auto –163 €, für Versicherungen –218 €.

a) Frau Holle möchte 500 € für den sonstigen Lebensunterhalt übrig behalten. Reicht das?

b) Wie hoch wäre ihr Kontostand in jedem Monat, wenn sie trotzdem monatlich 500 € für ihren Lebensunterhalt vom Konto abheben würde? Wie hoch wäre es nach einem Jahr?

Subtraktion rationaler Zahlen 1

Man **subtrahiert** eine **rationale Zahl**, indem man ihre **Gegenzahl** (inverse Zahl) addiert.

1. $(+5) - (+3) = (+5) + (-3) = +2$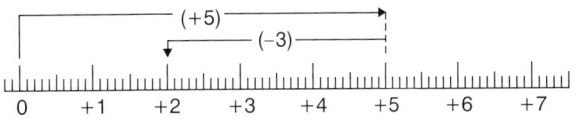

2. $(+5) - (-3) = (+5) + (+3) = +8$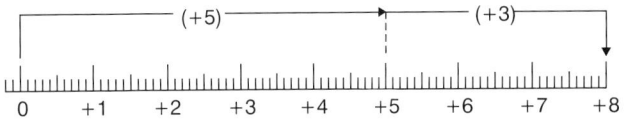

3. $(-5) - (-3) = (-5) + (+3) = -2$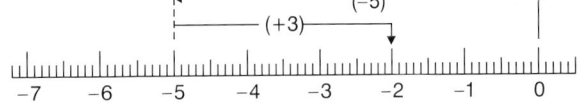

4. $(-5) - (+3) = (-5) + (-3) = -8$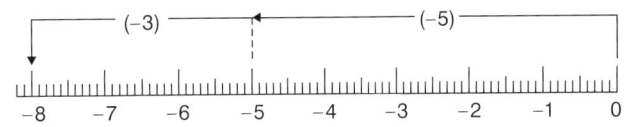

Hier kehrt sich einfach das Vorzeichen um: Wo vorher Plus war, steht Minus und umgekehrt. Auf dem Zahlenstrahl kommt es darauf an, in die richtige Richtung zu gehen. Plus bedeutet „nach rechts", minus bedeutet „nach links".

1. Fülle die Tabelle aus. Fange mit den Zahlen an, die in der äußersten linken Spalte gegeben sind.

−	+35	−45	+41	−12	+210	+51	−96
−16							
+51							
−650							
−5							
+359							
−91							
−8							

Löse die Aufgaben.

2. a) $(+0{,}98) - (-0{,}79)$
   $(-2{,}58) - (-6{,}79)$
   $(-\frac{1}{4}) - (+1\frac{1}{2})$

   b) $(-0{,}675) - (+0{,}562)$
   $(+7{,}891) - (-5{,}390)$
   $(-2\frac{2}{8}) - (-1\frac{2}{3})$

   c) $(+189{,}1) - (+248{,}2)$
   $(-374{,}2) - (-937{,}1)$
   $(-6\frac{3}{7}) - (-\frac{6}{9})$

Subtraktion rationaler Zahlen 2

Lösung auf Seite 100

3. Setze das passende Rechenzeichen ein.

a) $(+8) - (+9) = (+8) + (\square\,9)$ b) $(-10) - (+5) = (-10) + (\square\,5)$

c) $(+3) - (-7) = (+3) + (\square\,7)$ d) $(-7) - (-12) = (-7) + (\square\,12)$

4. Setze die passenden Rechenzeichen ein.

a) $(\square\,59) - (\square\,30) = -29$ b) $(\square\,59) - (\square\,30) = +89$

c) $(\square\,59) - (\square\,30) = -89$ d) $(\square\,59) - (\square\,30) = +29$

e) $(-8) - (-10) = \square\,2$ f) $(\square\,22) - (+15) = \square\,37$

g) $(\square\,31) - (\square\,92) = +123$ h) $(\square\,45) - (\square\,38) = \square\,7$

5. Setze auch hier die passenden Rechenzeichen ein.

a) $(\square\,8) + (-5) = -13$ b) $(\square\,7) + (\square\,30) = -23$

c) $(\square\,9) + (-4) = -13$ d) $(\square\,6) + (-7) = \square\,13$

e) $(-8) + (-9) = \square\,17$ f) $(+7) + (\square\,11) = \square\,4$

g) $(+13) + (\square\,24) = \square\,37$ h) $(\square\,12) + (\square\,9) = \square\,21$

6. Fülle die Tabelle aus.

+	$\frac{1}{2}$	$-\frac{5}{6}$	$3\frac{1}{4}$	$2\frac{1}{2}$	$2\frac{1}{3}$	$-1\frac{3}{4}$
$-\frac{1}{2}$						
$\frac{1}{6}$						
$-2\frac{1}{2}$						
$-\frac{5}{6}$						
$2\frac{1}{2}$						
$-\frac{7}{8}$						

Gesetze der Addition 1

Vertauschungsgesetz (Kommutativgesetz): In einer Summe von rationalen Zahlen dürfen die Summanden beliebig vertauscht werden.

Durch das Vertauschen und Verbinden ändert sich am Endergebnis nichts.

$(+2) + (+3) = (+3) + (+2)$

$(-2) + (+3) = (+3) + (-2)$
$(+2) + (-3) = (-3) + (+2)$
$(-2) + (-3) = (-3) + (-2)$

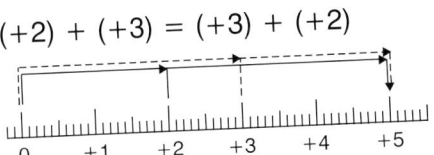

Verbindungsgesetz (Assoziativgesetz): In einer Summe mehrerer rationaler Zahlen dürfen die Summanden beliebig zu Teilsummen zusammengefasst werden.

$(+6) + (+4) + (-1) = (6 + 4) + (-1)$

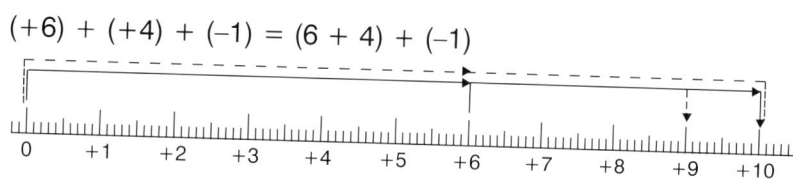

Beide Gesetze helfen, beim Addieren die einzelnen Summanden so zusammenzufassen, dass man schneller und einfacher auf das Ergebnis kommt. Gerade bei vielen Summanden und großen Zahlen ist das ein Vorteil.
Zum Beispiel:
$(+135) + (-114) + (+5) + (+114) + (+15) + (-35) + (-100)$
$= \underbrace{(+135) + (-100) + (-35)}_{0} + \underbrace{(-114) + (+114)}_{0} + \underbrace{(+15) + (+5)}_{= 15 + 5 = 20}$

Löse die Aufgaben in deinem Matheheft.
Vertausche und verbinde geschickt.

1. a) $(+26) + (+14) + (-35)$
   $(+37) + (-28) + (-12)$
   b) $(-25) + (-35) + (+62)$
   $(-59) + (-43) + (-31)$
   c) $(-217) + (-23) + (+134)$
   $(-311) + (+53) + (-129)$

2. a) $(+34) + (-47) + (+126) + (-53)$
   b) $(-191) + (+146) + (-77) + (+14) + (-94)$
   c) $(-89) + (+55) + (+115) + (-61)$
   d) $(+163) + (-198) + (-126) + (-172) + (+77)$

3. a) $(+\frac{1}{2}) + (-\frac{1}{4}) + (+1\frac{1}{2}) + (-3\frac{3}{4})$
   b) $(-1\frac{5}{9}) + (+5\frac{2}{7}) + (-5\frac{4}{9}) + (+2\frac{5}{7})$
   c) $(-\frac{2}{3}) + (+10\frac{3}{5}) + (-7\frac{1}{3}) + (+\frac{2}{5})$
   d) $(+\frac{6}{13}) + (-6\frac{9}{17}) + (-13\frac{8}{17}) + (+9\frac{7}{13})$

4. **Vertausche und verbinde und setze die Zeichen <, = oder > ein.**

   a) $(+17) + (+12) + (-7) + (-2)$ ☐ $(-13) + (+48) + (-16) + (-22)$
   b) $(+317) + (-287) + (-113)$ ☐ $(+135) + (+315) + (-116) + (-64)$
   c) $(-400) + (+423) + (+127)$ ☐ $(-77) + (-113) + (+193) + (+217)$

Gesetze der Addition 2

5. Vertausche und verbinde und unterstreiche die wahren Aussagen.

a) (+14) + (–18) + (–8) = (+30) + (–36) + (–6)

b) (+238) + (–375) + (–125) = (+1402) + (–316) + (–824)

c) (+871) + (+229) + (–300) > (–2000) + (+1289) + (+11)

d) (+560) + (–146) + (–634) > (–1231) + (–350) + (–393)

e) (+728) + (–172) + (–28) = (+495) + (–719) + (–211)

f) (+192) + (+18) + (–20) > (–17) + (+430) + (–223)

g) (+523) + (–110) + (–95) > (+275) + (–143) + (+105)

h) (+147) + (+123) + (–147) = (+116) + (+24) + (–17)

i) (–107) + (–108) + (–23) < (–106) + (–109) + (–24)

6. Berechne geschickt.

a) $(+\frac{3}{20}) + (-0,5) + (+6056) + (-0,59) + (+4\frac{2}{40}) + (-3,5) + (+544) + (-12,41)$

b) $(-1,8) + (-6,5) + (+8,2) + (-0,5) + (-13\frac{3}{9}) + (-145\frac{1}{3}) + (+3024) + (+16)$

c) $(-\frac{5}{8}) + (+2\frac{1}{2}) + (-1\frac{3}{8}) + (-\frac{7}{8}) + (+0,5) + (-2,5) + (+0,875) - (+\frac{1}{2})$

d) (–2,7) + (–6,7) + (+7,25) + (–0,3) + (–1,3) + (+0,75)

e) (+456) + (+198) + (–26) + (+44) + (+202) + (–74,5)

f) $(+2) + (+123) + (-\frac{2}{8}) + (-\frac{8}{12}) + (-\frac{1}{4}) + (-\frac{5}{6})$

7. Setze das richtige Zeichen (<, = oder >) ein.

a) (+270) + (–305) + (–130) ☐ (+271) + (–304) + (–130)

b) (–115) + (–114) + (–250) ☐ (–250) + (–116) + (–113)

c) (+232) + (–202) + (+502) ☐ (+507) + (+203) + (–232)

d) (+198) + (+202) + (–90) ☐ (+90) + (–202) + (–198)

8. Rechne im Kopf und verbinde Aufgabe und Ergebnis.

a) 89 – 56 + 28 + 19 – 69 – 43 + 75 + 13 — 0

b) –70 – 27 – 66 + 82 + 11 – 20 + 98 + 41 + 90 — 56

c) 136 – 120 – 17 + 50 + 15 – 89 – 54 – 73 + 69 + 144 — 64

d) 45 – 63 + 51 – 37 – 39 + 82 – 125 + 125 – 51 + 37 + 39 — 121

e) 80 + 31 – 78 – 82 – 44 + 77 – 80 + 82 – 31 + 78 + 44 – 77 — 139

f) –38 – 69 – 78 – 86 + 77 + 84 + 38 + 69 – 77 + 123 + 78 — 61

Lösung auf Seite 101

Addition, Subtraktion, Klammern

Auflösen von Klammern: Steht ein **Minuszeichen** vor der Klammer, dann ändern sich die Vorzeichen in der Klammer in gegenteilige Vorzeichen: aus Minus wird Plus und umgekehrt.

Alte Bauernregel – oder was? Steht ein Minus vor der Klammer, dreht sich um der ganze Jammer.

Auflösen von Klammern: Steht ein **Pluszeichen** vor der Klammer, dann bleiben die Vorzeichen in der Klammer bestehen.

93 – (–16 + 13 – 45) =		93 – (–16 + 13 – 45) =
93 – (–48) =	oder	
93 + 48 = 141		93 + 16 – 13 + 45 = 141

Löse die Klammern auf und berechne.

1. a) 76 + (–16) – (+36)
   b) –43 – (–134) – (+66)
   c) 4,5 + (–7,8) – (–12,3)
   d) –98 – (+109) + (+12)
   e) 509 – (–380) + (–103)
   f) (–2,65) – (–1,25) – (+2,08)
   g) (–2,5) + (–4,8) – (+6,3)
   h) (+8,05) – (+2,7) – (+0,67)
   i) (–3,07) + (–1,52) – (+4,3)
   j) (+1,27) – (+1,25) – (–1,15)

TIPP: Liegen zwei Klammern ineinander, dann löse sie von innen nach außen.

2. a) 66 + (–35 + 33) – 56 + 28
      (–54 + 36) – 23 – (–213 + 52) – 16
   b) –42 + (–66 + 32) – (–89 + 62)
      –(–109 + 45 – 124) + (–114 – 108 + 179)

3. a) –234 – (+102 – (+191 – 210) + 138) – (+125 – 411) – (+180 – 361)
   b) +125 – (30 + (+215 – 58 – (+170 + 100))) – 131 – (–20 + 200)

4. **Berechne. Löse die Klammern auf.**

   a) 89 – (18 – 45 – 32) – 27
   b) 89 – (18 – 45 – 32 – 27)
   c) 89 – (18 – 45) – (32 – 27)
   d) (89 – 18 – 45) – 32 – 27
   e) 89 – 18 – (45 – 32 – 27)
   f) 89 – (18 – 45) – 32 – 27
   g) 89 – 18 – 45 – (32 – 27)
   h) 89 – (18 – (45 – 32)) – 27

5. **Berechne die fehlenden Werte. Addiere immer die zwei letzten Zahlen vor dem leeren Kästchen.**

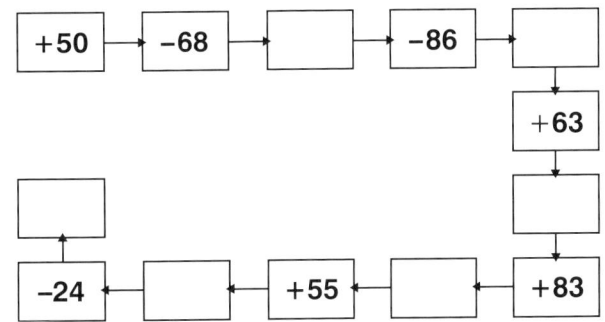

Multiplikation rationaler Zahlen

Lösung auf Seite 101

Zwei **rationale Zahlen** werden **multipliziert**, indem man zunächst ihre Beträge multipliziert. Haben **beide Faktoren** des Produkts **gleiche Vorzeichen**, so ist der **Produktwert positiv**. Haben beide Faktoren des Produkts **verschiedene Vorzeichen**, so ist der **Produktwert negativ**.

Beachte:

$(+5) \cdot (+4) = +20$ $\quad 0 \cdot (+6) = 0$
$(+5) \cdot (-4) = -20$ $\quad 0 \cdot (-6) = 0$
$(-5) \cdot (+4) = -20$ $\quad (+3) \cdot 0 = 0$
$(-5) \cdot (-4) = +20$ $\quad (-3) \cdot 0 = 0$

$+ \cdot + = +$
$- \cdot - = +$
$+ \cdot - = -$
$- \cdot + = -$

Gleiche Vorzeichen ergeben Plus; unterschiedliche Vorzeichen ergeben Minus.

1. Fülle die Tabellen aus. Beginne dabei mit den Zahlen in der äußersten linken Spalte.

·	−6	+13	+45	−32
+14				
−12				
+63				

·	+1,2	−8,4	−2,25	+5,3
−3,1				
+9,5				
+19,3				

2. Setze das Zeichen <, = oder > ein.

a) $(+12) \cdot (-15)$ ☐ $(-9) \cdot (+20)$ b) $(-23) \cdot (-11)$ ☐ $(+18) \cdot (+14)$

c) $(-14) \cdot (+15{,}3)$ ☐ $(+\frac{3}{9}) \cdot (-13{,}25)$ d) $(-161) \cdot (+12)$ ☐ $(-3{,}8) \cdot (+45{,}05)$

Löse die Aufgaben in deinem Matheheft.

3. Der erste Faktor eines Produkts ist −245, der zweite −109. Wie groß ist der Produktwert?

4. Welches Ergebnis erhält man, wenn man das Produkt aus +34 und −56 bildet und mit −13 multipliziert?

5. Multipliziere die Bausteine miteinander und trage die Ergebnisse ein.

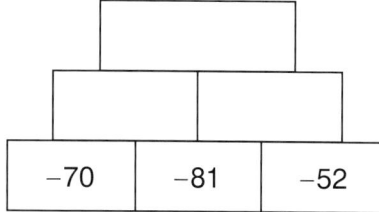
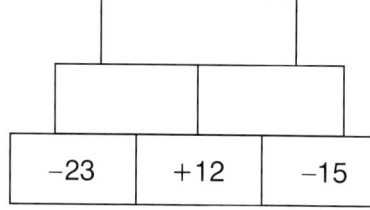
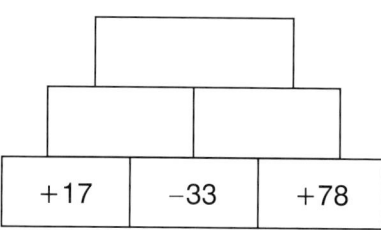

6. Kürze zuerst, wenn möglich: $(+1\frac{2}{3}) \cdot (-3\frac{1}{5}) \cdot (-4\frac{1}{4}) = +\frac{\cancel{5}^1}{3} \cdot \frac{\cancel{16}^4}{\cancel{5}_1} \cdot \frac{17}{\cancel{4}_1} = +\frac{1}{3} \cdot \frac{4}{1} \cdot \frac{17}{1} = +\frac{68}{3} = +22\frac{2}{3}$

a) $(-1\frac{1}{2}) \cdot (-2\frac{1}{3}) \cdot (-4\frac{1}{4})$ b) $(-7\frac{1}{5}) \cdot (+5\frac{7}{8}) \cdot (-2\frac{1}{4})$ c) $(-4\frac{1}{5}) \cdot (+3\frac{2}{7}) \cdot (-8)$

d) $((-2\frac{1}{4}) \cdot (+5\frac{2}{3})) \cdot (-0{,}2)$ e) $(-5) \cdot ((-4\frac{1}{6}) \cdot (+7\frac{1}{3}))$ f) $(+\frac{3}{5}) \cdot (+8\frac{1}{2}) \cdot (-4\frac{1}{6})$

Division rationaler Zahlen

Haben die beiden Zahlen eines Quotienten **gleiche Vorzeichen**, so ist der Wert des **Quotienten positiv**.
Haben die beiden Zahlen eines Quotienten **verschiedene Vorzeichen**, so ist der Wert des **Quotienten negativ**.

(+21) : (+7) = +3
(+21) : (−7) = −3
(−21) : (+7) = −3
(−21) : (−7) = +3

Beachte:
Durch Null darf man nicht dividieren.
(−21) : 0 = x ist nicht möglich, denn die Umkehrung hieße: x · 0 = (−21), und diese Gleichung ist nicht lösbar. Denn keine Zahl ergibt mit 0 multipliziert irgendeine andere Zahl.

+ : + = +
− : − = +
+ : − = −
− : + = −

Gleiche Vorzeichen ergeben Plus; unterschiedliche Vorzeichen ergeben Minus.

1. **Fülle die Tabellen aus. Fange mit den Zahlen an, die in der äußersten linken Spalte gegeben sind.**

:	−15	+3	+5	−10
−105				
+90				
−150				
+300				

:	−1,5	+0,5	−0,25	+3
−10,5				
−7,5				
+1,5				
+22,5				

2. **Bilde die passenden Aufgaben und rechne. Schreibe die Zahlen in der Reihenfolge auf, in der sie in den Sätzen genannt werden.**

   a) Bilde den Quotienten aus −210 und −0,7 und subtrahiere 150 vom Ergebnis.
   b) Bilde den Quotienten aus −345 und +30 und den Quotienten aus +2436 und −58 und addiere die Ergebnisse.
   c) Multipliziere die Summe der Zahlen −12 und −78 mit dem Quotienten aus 35 und −7.
   d) Addiere den Quotienten aus 350 und −5 zum Produkt aus −14 und −78.

Denke daran: Es gilt Punkt- vor Strichrechnung!

3. **Rechne aus.**

   a) $(-2\frac{1}{2}) : (+\frac{1}{2})$
   b) $(+\frac{3}{8}) : (+\frac{5}{6})$
   c) $(+4\frac{1}{5}) : (-\frac{3}{5})$
   d) $(+3\frac{3}{10}) : (+1\frac{1}{2})$
   e) $(-12\frac{1}{10}) : (-\frac{11}{100})$
   f) $(-4\frac{1}{4}) : (-3\frac{2}{5})$
   g) $(-1\frac{1}{3}) : (-3\frac{1}{3})$
   h) $(-\frac{4}{7}) : (+\frac{6}{7})$

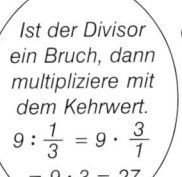

Ist der Divisor ein Bruch, dann multipliziere mit dem Kehrwert.
$9 : \frac{1}{3} = 9 \cdot \frac{3}{1} = 9 \cdot 3 = 27$

4. **Setze die richtige Zahl mit dem passenden Vorzeichen ein.**

   a) −63 : ☐ = −7
   b) +81 : ☐ = +9
   c) +72 : ☐ = −12
   d) −128 : ☐ = +16

Verbindung der Rechenarten

Lösung auf Seite 101

Weitere wichtige Rechenvorschriften:
- Punktrechnung geht vor Strichrechnung.
- Klammerrechnung geht immer vor.
- Bei Doppelklammern wird zuerst die innere Klammer gelöst.

- **Verteilungsgesetz (Distributivgesetz):**
  Sollen die beiden Zahlen einer Summe (hier: +8 und –6) mit derselben Zahl (hier: –5) multipliziert werden, so errechnet man zuerst den Wert der Summe und multipliziert dann mit der Zahl.
  Beispiel: (–5) · (+8) + (–5) · (–6) = (–40) + (+30) = –10
  Nach dem Verteilungsgesetz: (–5) · ((+8) + (–6)) = (–5) · (+2) = –10

Beachte die Rechenvorschriften, der Rest geht fast von ganz alleine.

1. Setze Klammern, damit das Ergebnis stimmt.

a) (–5) · 3 – 9 = 30
b) –50 · 18 + 32 = –2 500
c) 4 · 6 + 8 · (–2) = –112
d) 9 – 7 · (–6) = –12
e) –27 – 81 : 9 = –36
f) 12 : 4 – 90 : 3 = –27

2. Berechne die Aufgaben.

a) 35 · (–18) – 12 · (–18) + 56 · (–18) – 23 · (–18)
b) ((–12) · 15 – 247 : 13) – (99 + 9)
c) 5 · (–(36 + 28) – (–450 + 442)) – 1
d) (–200 – 7 · (–12)) · ((–8) · (–36) – 188)
e) 32,2 : 3,5 – 9,3 · 7,8 + 7,2 : (–2,4) – 5,5 · (–5) + 38,4 : 1,6
f) ((52 – 78) · (–4) – 99 – (–19 + 40)) · (–20) + 98
g) $\frac{2}{5}$ · 50 – (–5 – (–12 – 100 : 2,5))

3. Berechne die Aufgaben und trage die Ergebnisse ohne Vorzeichen in das Kreuzzahlenrätsel.

❶				❷			❸	❼	
		❹				❺			
❻					❽				
	❾						❿		

waagerecht:
1. (4 · 17) + (5 · 13)
2. 5 – (6 · 7) – 8 · (9 – 10)
3. (–108) : 12 – 9 · 16
4. (–630) : (–7) + 17
5. (–2000 + 450) : 5 – 1226
6. (–1500) : (–2,4)
8. 18560 : (–12,8) – 150
9. (–8,8) : (+0,8) – 189
10. (–67) · (–14) + (–1005) · (–7) – 5963

senkrecht:
1. (–125) + (–64) – 27 + 100
2. 162 : (–9) – 9
3. (–20) · (–5) · 50 · 150 : (–5) : (–100)
4. 96 – 3 · 25 – 144 : 16 + 138
5. 191 – 163 : (32,6 · (–5)) – 30
7. (–150 + 260 · 4) · ((–105) : 7) + 8049
8. (–1,2) : (–12) · 100 – 20

Das Koordinatensystem 1

Bei vielen Aufgaben ist es hilfreich, sie in Form von Skizzen oder Schaubildern zu veranschaulichen. Wenn man die Lage von Punkten darstellen will, kann man das sehr gut mit Hilfe eines **Koordinatensystems** tun. Das Koordinatensystem nennt man auch **Achsenkreuz** mit der **X-Achse** und **Y-Achse**. Die beiden Zahlen, die die Lage eines Punktes bestimmen, nennt man Koordinaten. Zuerst wird der x-Wert, dann der y-Wert genannt.

Ein Beispiel für Koordinatensysteme im Alltag sind Stadtpläne. Dort sind auf der X-Achse Buchstaben eingetragen und auf der Y-Achse Zahlen. Durch diese Einteilung entsteht ein Gitter, das den Stadtplan in Planquadrate unterteilt.

3 Einheiten nach rechts   2 Einheiten nach links

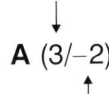   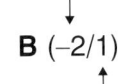

2 Einheiten nach unten   1 Einheit nach oben

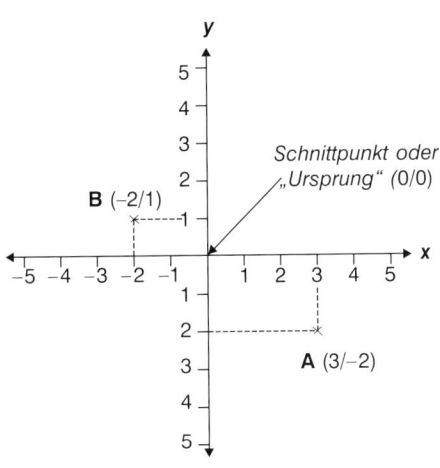

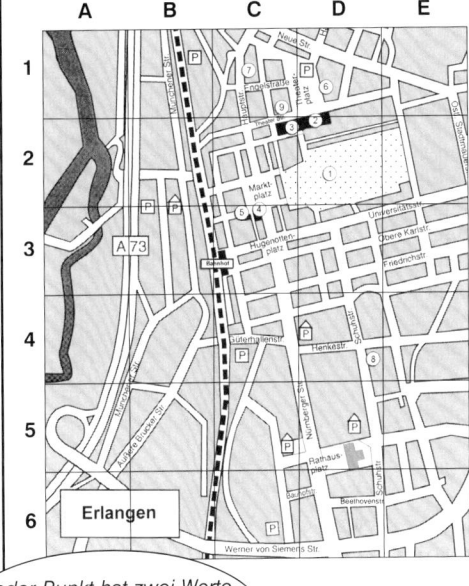

Jeder Punkt hat zwei Werte. Zuerst wird der x-Wert genannt, dann der y-Wert.

---

1. Zeichne ein Koordinatensystem und zeichne die Punkte ein.

    A (2/4)   **B** (−3/−4)   **C** (5/−5)   **D** (0/−2)   **E** (−7/5)   **F** (−2/5)

2. Zeichne zwei Koordinatensysteme. Zeichne die Punkte ein und verbinde sie ...

    ... zu Dreiecken.
    a) **A** (3/3)   **B** (−3/3)   **C** (−3/−3)
    b) **D** (−4/−6)   **E** (0/2)   **F** (−3/4)

3. ... zu Vierecken.
    a) **A** (3/3)   **B** (−3/3)   **C** (−3/−3)   **D** (3/−3)
    b) **E** (−6/−6)   **F** (−8/−2)   **G** (2/−2)   **H** (1/6)

Das Koordinatensystem 2

4. Zeichne ein Koordinatensystem.

   a) Zeichne den Punkt A (4/3) ein.

   b) Verschiebe den Punkt um 5 Einheiten nach links und dann um 2 Einheiten nach unten.

   c) Verschiebe den Punkt weiter um 4 Einheiten nach unten und dann um 3 Einheiten nach links.

   d) Verschiebe den Punkt weiter um 3 Einheiten nach unten und dann um 7 Einheiten nach rechts.

   e) Notiere die neuen Koordinaten des Punktes A'.

5. Zeichne ein Koordinatensystem.

   a) Zeichne ein beliebiges Dreieck mit den Punkten A, B und C ein.

   b) Gib die Koordinaten der Punkte an.

6. Zeichne jeweils Geraden durch die beiden Punkte.

   a) A (−4/−4) und B (2/2)   **b)** C (2/−6) und D (8/3)

   c) E (2/−3) und F (0/6)   **d)** G (0/0) und H (6/−6)

   e) I (0/0) und J (−8/−7)   **f)** K (1/1) und L (−6/−6)

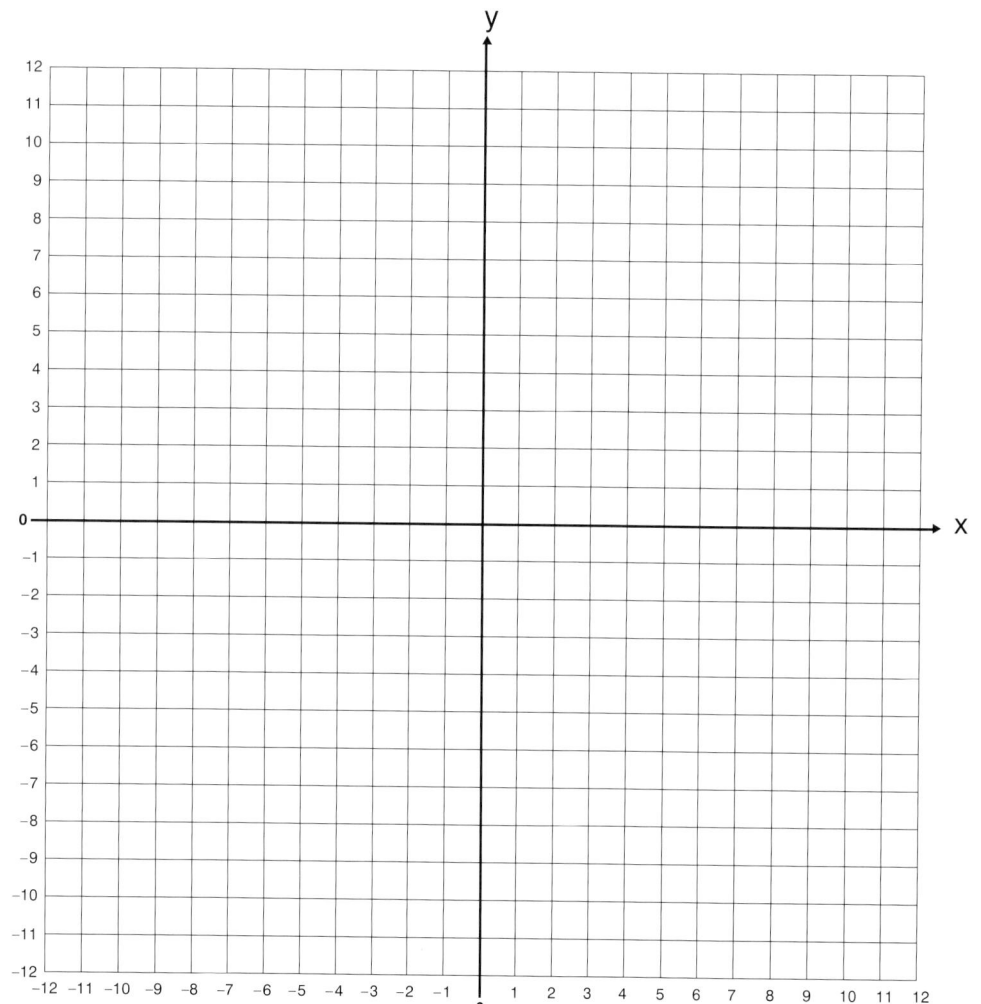

Lösung auf Seite 102

42   Die Mathe-Merk-Mappe – Klasse 7

Terme mit Variablen

Terme sind Rechenausdrücke, in denen nur Zahlen, nur Variablen (Buchstaben) oder Zahlen *mit* Variablen mit Hilfe von Rechenzeichen miteinander verbunden sind. So können Terme aussehen:

| $4 + 9$ | $3 \cdot x$ | $9 + 2a$ | $y - z$ | $4a + 5b$ |
| $z + 3$ | $9 + x$ | $x^2 + 4$ | $3(x - 10)$ | |

Statt des Begriffs „Variable" sagt man auch „Platzhalter". Die Variable steht für eine unbekannte Zahl, für die sie „den Platz frei hält". Ähnliches meinen auch die Ausdrücke:
„Ich habe schon x-mal angerufen."
„Sage einen x-beliebigen Satz."
„Schlage eine x-beliebige Seite auf."

1. Setze statt der Variablen x die passende Zahl ein.

a) $20 \cdot x = 100$
   $x - 2 = 20$
   $x : 5 = 25$

b) $x + 356 = 410$
   $x - 265 = 235$
   $4 \cdot x - x = 15$

c) $120 : x = 30$
   $4 \cdot x + 7 = 19$
   $5 \cdot x - 9 \cdot x = -12$

d) $x \cdot (6 + x) = 55$
   $x \cdot 6 = 66$
   $12 - 2 \cdot x = 0$

e) $100 : x > 100$
   $3 \cdot (x + 5 \cdot 10) = 300$
   $(x - 10) \cdot 2 = 160$

f) $\frac{3}{5} \cdot x = 3$
   $\frac{1}{2} \cdot x = 100$
   $4 \cdot x = \frac{28}{9}$

g) $(2{,}2 - 4{,}2) + x = 8$
   $(82 - 1) : x = 27$
   $x \cdot 15 = 90$

h) $(4 - 2) + x = 377$
   $8 \cdot x = 17{,}76$
   $1200 : x = 60$

2. Ordne die Terme den Sätzen zu.

a) Karin ist 5 Jahre älter als Sven.
b) Der Kirchturm ist 20 m niedriger als das Hochhaus.
c) Ingo ist doppelt so groß wie Benni.
d) Benni ist halb so groß wie Ingo.
e) Vater ist 4-mal so alt wie Sonja.
f) Phillip hat 20 € mehr als Tina gespart.
g) Ilkas Jacke kostet 32 € mehr als Tims.
h) Der 1. Gewinner erhält 3-mal so viel wie der 2. Gewinner.
i) Julia besitzt nur den 3. Teil von Claudias CDs.
j) Fabian besitzt 10 CDs weniger als Kathrin.

- $x - 10$
- $2 \cdot x$
- $4 \cdot x$
- $x + 20$
- $\frac{x}{3}$
- $3 \cdot x$
- $0{,}5 \cdot x$
- $x + 32$
- $x + 5$
- $x - 20$

Was ist was?

Eine Aussage: Das ist ein Satz, der wahr oder falsch ist:
$3 + 4 = 7$ (wahr) $2 + 5 = 9$ (falsch)

Eine Aussageform: Das ist ein Satz mit mindestens einer Variablen:
$3 + x = 7$ oder $3 - x < 9$
Setzt man für die Variable einen Zahlenwert ein, so entsteht eine Aussage.

3. Fülle die Tabelle aus. Bilde passende Aufgaben.

Aussage	Aussageform
$6 + 9 = 15$	$6 + x = 15$
	$3 \cdot x = 69$
	$2{,}5 + x = 19{,}5$
$15 - 19 = -4$	
	$63 : x = 9$
	$5 \cdot 5 + x = 27$
$200 - 130 = 70$	

Die Mathe-Merk-Mappe – Klasse 7

Berechnen von Termen 1

$3 \cdot x + 5 \cdot (x + 1)$ für x = 2
$= 3 \cdot 2 + 5 \cdot (2 + 1)$
$= 6 + 5 \cdot 3$
$= 6 + 15$
$= 21$

Für die **gleichen Variablen** in einem Term müssen auch **gleiche Zahlen** eingesetzt werden.

- Man darf die Schreibweise vereinfachen und das Multiplikationszeichen weglassen.
  Statt $5 \cdot a$ kann man auch $5a$ und statt $a \cdot b$ kann man auch ab schreiben.
- Beachte: $1 \cdot a = a$ und $0 \cdot a = 0$

$3 \cdot x + 2$ für x = 4
$= 3 \cdot 4 + 2$
$= 12 + 2$
$= 14$

Terme werden berechnet, indem man für die Variablen eine Zahl einsetzt. Als Ergebnis erhält man wieder eine Zahl.

1. Berechne die Terme in der Tabelle.

Werte für x	$3 \cdot x$	$-5 \cdot x$	$4 \cdot x - x$	$-6 \cdot x$	$12 - 2 \cdot x$	$5 \cdot x - 3$
2						
$\frac{1}{2}$						
−2						
3,5						
−10						

2. Berechne die Terme für x = 6.

a) $10x - (5 + 3x)$
   $12x - (3 + 2x) - 15$

b) $\frac{7}{9} \cdot x + 16$
   $1\frac{1}{4}x + 2\frac{1}{2}x - 4\frac{3}{4}x$

c) $(3x + 2x) - (5x - 7x)$
   $(-3x) \cdot (-5x)$

3. Setze die x-Werte in den Term ein und trage das Ergebnis in die Tabelle ein.

x	1	2	3	4	5	6	7	8	9	10
$(10 - 3) \cdot (x + 2)$										

4. Zeichne Tabellen ins Matheheft mit dem x-Wert von 1 bis 10 und berechne folgende Terme.

a) $(\frac{1}{2} + \frac{1}{4}) + x$ b) $2x + 5$ c) $4x - 2x$ d) $(-4x) \cdot 7$ e) $10x - (5 + 2x)$

5. Berechne den Wert der schwierigen Terme für x = 2.

a) $200x + 45 - (x + 10) + x - 3x - (50 - 3) - 2x$
b) $500 - 4x + 9x - (50 - 60) - 9x + 100x - (-x + 4)$
c) $-x + 5 + 9x + x + x - 20x - 2x - 200 + 3x$
d) $3x \cdot (4 + x) - 30 + 100x + 3 \cdot (2x - 2) + x + 2$

Berechnen von Termen 2

In einem Term können **verschiedene Variablen** vorkommen.
Für die **gleichen Variablen** werden **dieselben Zahlen** eingesetzt.

$12 \cdot x + 5 \cdot y$ für x=3 und y=2
= $12 \cdot 3 + 5 \cdot 2$
= 36 + 10
= 46

$4 \cdot x - 7 \cdot y$ für x = −3 und y = −4
= $4 \cdot (-3) - 7 \cdot (-4)$
= −12 − (−28)
= −12 + 28
= 16

Die Platzhalter halten nur für ihre Zahlen den Platz frei.

1. Berechne die Terme.

Werte für x	y	5x + 2y	7y − 2x	6xy	2x − (5 + 3y)	(4x − 4y) · 2	$(-\frac{1}{5}x) \cdot (-2y)$	(−x + 2y) + 1
3	−4							
−6	1							
0	−5							
−7	8							

2. Unterstreiche die Terme mit dem richtigen Ergebnis.
Setze für x = 4 und y = −2 ein.

a) x − 2y = 8　　b) 3x − y = 9　　c) x + 3y = −2　　d) 2x + 3y = 2

e) $\frac{1}{4}$ x + y = −1　　f) −5x + 3y = −26　　g) $\frac{1}{2}$ (x + y) = 2　　h) −3x + 7y = 20

3. Welche Zahlen zwischen 0 und 5 muss man für x und y einsetzen, damit das Ergebnis stimmt?

a) 2x + 3y = 4　　b) 7x − 5y = 20　　c) 3 · (2x − 3y) = −21　　d) x · (5 + y) = 18

e) 4 · (y − 2x) = −24　　f) 26x − y = 50　　g) $1\frac{3}{4}$ x − $2\frac{1}{2}$ y = −2　　h) 5x · (−4y) = −240

4. Berechne den Wert für y.

a) 3x + 4 = y

x	y
0	
1	
−1	
2	
−2	
3	
−3	

b) $\frac{1}{2}$x + 4 = y

x	y
0	
1	
−1	
2	
−2	
3	
−3	

c) 0,1x − 2 = y

x	y
0	
1	
−1	
2	
−2	
3	
−3	

d) 4x − 0,5 = y

x	y
0	
1	
−1	
2	
−2	
3	
−3	

5. Berechne die Terme. Setze für x = 5 und y = 7 ein.

a) 8x − 9 − 6y + 14 − 11x − 9 − 10x + 13　　b) 9 − (2x − 5) + 8 + 5y − (6 + x) + 4y − 14

Aufstellen von Termen 1

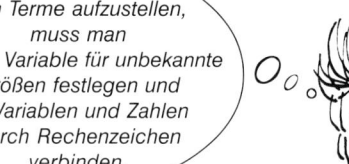

Terme stellt man immer dann auf, wenn nicht alle Werte einer Größe bekannt sind.

Beispiel: „Addiere zu einer Zahl das 5-Fache dieser Zahl und multipliziere das Ergebnis mit 2."

Um Terme aufzustellen, muss man
1. eine Variable für unbekannte Größen festlegen und
2. Variablen und Zahlen durch Rechenzeichen verbinden.

So stellst du den Term auf:
- Die gesuchte Zahl erhält eine Variable ⟶ x
- Das 5-Fache dieser Zahl wird festgelegt ⟶ $5 \cdot x$
- Addiere die gesuchte Zahl x und das 5-Fache der Zahl ⟶ $x + 5 \cdot x$
- Multipliziere das Ergebnis mit 2 ⟶ $(x + 5 \cdot x) \cdot 2$

Hilfen zum Aufstellen von Termen

addieren, hinzufügen, vermehren, zusätzlich, erhöhen, insgesamt	+
die Summe aus, berechne die Summe	☐ + ☐
subtrahieren, vermindern, weniger, reduzieren, abziehen	–
um ... kleiner, verkleinern	☐ – ☐
die Differenz aus, berechne die Differenz	–
multiplizieren, malnehmen, vervielfachen	·
das ...-Fache, um ...-mal größer	· ☐
das Doppelte	· 2
das Produkt aus	☐ · ☐
dividieren, teilen, verteilen	:
die Hälfte, halbieren	: 2
der ...te Teil	: ☐
der Quotient aus, berechne den Quotienten	☐ : ☐
der Bruch aus	☐/☐

1. Schreibe als Term.

a) Die Hälfte einer Zahl.
b) Der 3. Teil einer Zahl.
c) Das 10-Fache einer Zahl.
d) Addiere zu einer Zahl –6.
e) Multipliziere eine Zahl mit 7.
f) Dividiere eine Zahl durch 5.
g) Die Summe aus einer Zahl mit 8.
h) Dividiere eine Zahl durch 3.
i) Verdopple eine Zahl.
j) Halbiere die Summe aus einer Zahl und 9.
k) Verdopple die Differenz aus einer Zahl und 2.
l) Dividiere die Summe aus einer Zahl und 5 durch 3.
m) Bilde das Produkt aus einer Zahl und 9 und subtrahiere 11.
n) Addiere zum Produkt aus einer Zahl und 4 das Produkt und 20.
o) Vermindere den 6. Teil einer Zahl um 100.

Aufstellen von Termen 2

2. Suche den passenden Term.

a) Dein Freund denkt sich eine Zahl. Er subtrahiert 9, verdreifacht das Ergebnis und addiert 15.

b) Dein Freund denkt sich eine Zahl. Er addiert 7, multipliziert das Ergebnis mit 20 und addiert das Produkt aus seiner gedachten Zahl und 6.

c) Dein Freund denkt sich eine Zahl. Er addiert zur Summe aus der Zahl und 10 die Zahl 50.

d) Dein Freund denkt sich eine Zahl. Er fügt zum 4. Teil der Zahl das 6-Fache der Zahl hinzu.

3. Zu jedem der 6 Terme gehört eine der 6 Rechenvorschriften. Ordne zu.

a) $(x-2)^2 \cdot 2 + 2$
b) $(x+2)^2 \cdot 2 - 2$
c) $((x^2+2)^2 \cdot 2 - 2)$
d) $((x-2) \cdot 2)^2 + 2$
e) $((x-2)^2 \cdot 2 + 2)^2$
f) $((x^2+2) \cdot 2 - 2)^2$

❶ ☐ potenziere mit 2 ➞ addiere 2 ➞ potenziere mit 2 ➞ multipliziere mit 2 ➞ subtrahiere 2

❷ ☐ potenziere mit 2 ➞ addiere 2 ➞ multipliziere mit 2 ➞ subtrahiere 2 ➞ potenziere mit 2

❸ ☐ subtrahiere 2 ➞ potenziere mit 2 ➞ multipliziere mit 2 ➞ addiere 2 ➞ potenziere mit 2

❹ ☐ subtrahiere 2 ➞ potenziere mit 2 ➞ multipliziere mit 2 ➞ addiere 2

❺ ☐ subtrahiere 2 ➞ multipliziere mit 2 ➞ potenziere mit 2 ➞ addiere 2

❻ ☐ addiere 2 ➞ potenziere mit 2 ➞ multipliziere mit 2 ➞ subtrahiere 2

Addition von Termen 1

Um Terme zu vereinfachen, darf man **gleichartige** Terme, die sich nur im **Zahlfaktor** unterscheiden, zusammenfassen.
Verschiedenartige Terme, die sich in der **Variablen** unterscheiden, darf man nicht zusammenfassen.

Gleiches darf nur mit Gleichem zusammengefasst werden!

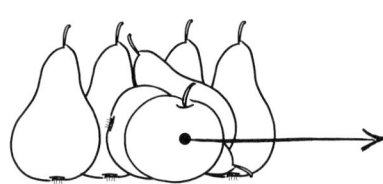 

gleichartige Terme: gleiche Variablen $4 \cdot$ **a**; $5 \cdot$ **a**; $9 \cdot$ **a**

Gleichartige Terme dürfen bei der Addition zusammengefasst werden.

$4 \cdot x + 6 \cdot x + 3 \cdot x$ $4 \cdot y + (-2 \cdot y)$ $-8 \cdot z + 5 \cdot z$
$= (4 + 6 + 3) \cdot x$ $= (4 - 2) \cdot y$ $= (-8 + 5) \cdot z$
$= 13 \cdot x$ $= 2 \cdot y$ $= -3 \cdot z$

verschiedenartige Terme: verschiedene Variablen $3 \cdot y; 4 \cdot a; 7 \cdot b$

Verschiedenartige Terme dürfen bei der Addition **nicht** zusammengefasst werden.

$4 \cdot y + 5 \cdot b + 7 \cdot b$ $3 \cdot k + 4 \cdot v + 8 \cdot x$
$= 4 \cdot y + (5 + 7) \cdot b$ Hier ist keine Zusammenfassung möglich.
$= 4 \cdot y + 12 \cdot b$

Beachte beim Zusammenfassen von Variablen die unsichtbare 1 vor einer allein stehenden Variable:

$x = 1 \cdot x = 1x$
$-x = (-1) \cdot x = -1x$
also: $3x + x = 4x$ $5a + a = 6a$

1. Fasse zusammen, wo es möglich ist.

+	$\frac{1}{2}x$	y	4,6x	19x	125y	385y	8x	45y	7,8x
0,75x									
215y									
36y									
427x									

Addition von Termen 2

2. Vertausche erst und fasse dann zusammen.

a) $34a + 16a + 45b + 19b + a$
b) $4{,}5y + (-3{,}1)y + z + 13y + 35z$
c) $32k + 20t + 39k + 78t$
d) $8{,}9p + (-7{,}2q) + 4{,}3p + 3{,}9q$

3. Verbinde die Aufgaben mit dem passenden Ergebnis.

a) $232x + 117y + 11x + 18y$ —— $334x + 165y$
b) $154y + 310x + 24x + 11y$ —— $376x + 119y$
c) $278x + 156y + 29y + 16x$ —— $243x + 135y$
d) $311x + 119y + 64x + x$ —— $294x + 185y$

4. Unterstreiche gleichartige Terme.

a) $9b + b$
b) $5x + y$
c) $10z + 3t$
d) $r + 8r$
e) $4g + 9g$
f) $6y + 15c$

5. Suche die Aufgaben, die falsch vereinfacht wurden, und streiche sie.

a) $6x + 5x + 3 = 14x$
b) $60s + 10s + 13s = 83s$
c) $120t + 6 + t = 127t$
d) $65a + 5a + 46a = 116a$
e) $15b + 16 - 15b = 16 - b$
f) $10f + 128f + 19f = 157f$
g) $17y + 17 + 17y = 17y$
h) $29x + 12x - 12x = 29x$
i) $16y + 129y + y = 146y$
j) $2t + t + 298t = 300t$
k) $19a + 11a + 7 = 37a$
l) $16 + 14x + 16x = 46x$

6. Berechne die Tabellen.

+	4x	3x + 4	5x + 8	24x	128x	x + 9	7 + 4x	102x	35
14x + 5									
12x + 4									
x + 2									
16x + 5									
5x + 5									

+	12y	5 + 4y	53y	y	16	48y	23y + 2	55 + y	34y + 1
4y + 8									
2y + 2									
y + 1									
16y + 16									
7y + 5									

Subtraktion von Termen 1

Lösung auf Seite 104

Auch bei der Subtraktion von Termen gilt: **Gleichartige Terme**, die sich nur im **Zahlfaktor** unterscheiden (d.h. in den Zahlen, die mit einer Variablen verbunden sind), darf man zusammenfassen. **Verschiedenartige Terme**, die sich in der **Variable** unterscheiden, darf man nicht zusammenfassen.

Beachte die unsichtbare 1 vor einer allein stehenden Variablen:
$x = 1 \cdot x = 1x$
$-x = (-1) \cdot x = -1x$,
also: $3x + x = 4x$;
$5a + a = 6a$

gleichartige Terme: gleiche Variablen $6 \cdot a$; $4 \cdot a$; $3 \cdot a$

Gleichartige Terme **dürfen** bei der Subtraktion zusammengefasst werden.

$14 \cdot x - 8 \cdot x$
$= (14 - 8) \cdot x$
$= 6 \cdot x$

$-16 \cdot y - 19 \cdot y$
$= (-16 - 19) \cdot y$
$= -35 \cdot y$

verschiedenartige Terme: verschiedene Variablen $2 \cdot y$; $8 \cdot a$; $3 \cdot b$

Verschiedenartige Terme **dürfen** bei der Subtraktion **nicht** zusammengefasst werden.

$15a - 8z - 18a - 2a$
$= (15 - 18 - 2) \cdot a - 8z$
$= -5 \cdot a - 8z$
$= -5a - 8z$

$12x - 6x + 7y$
$= (12 - 6) \cdot x + 7y$
$= 6 \cdot x + 7y$
$= 6x + 7y$

$20s - 13q - 17t$
keine Zusammenfassung möglich!

1. Fasse zusammen, wo es möglich ist. Fange mit den Termen an, die in der äußersten linken Spalte gegeben sind.

−	$\frac{1}{2}x$	2y	5,1x	12x	120y	303y	7x	18y	1,8x
0,5x									
315y									
78y									
543x									

2. Vertausche erst und fasse dann zusammen.

Denke daran: Immer nur Gleiches mit Gleichem zusammenfassen.

a) $24a - 22a - 42b - 29b + a$
b) $2,5y - (-34,1)y - z + 3y - 14z$
c) $43k - 2t - 59k + 8t$
d) $3,1p - 7,2q + 4,3p - 3,9q$

3. Verbinde die Aufgaben mit dem passenden Ergebnis.

a) $221x - 123y - 13x + 21y$ ── ── $421x - 136y$
b) $145y + 260x - 29x - 14y$ ── ── $208x - 102y$
c) $232x - 160y - 22y - 18x$ ── ── $231x + 131y$
d) $333x - 136y + 89x - x$ ── ── $214x - 182y$

Subtraktion von Termen 2

4. Unterstreiche gleichartige Terme.

a) 7b – b   b) 4x – y   c) 13z – 6t
d) r – 8r   e) 7g – 9g   f) 4y – 5c

5. Suche die Aufgaben, die falsch vereinfacht wurden, und streiche sie.

a) 10x – 6x – 3 = x
b) 20s – s – 13s = 6s
c) 122t – 9 – 2t = 111t
d) 15a – a – 24a = –10a
e) 17a – 223 – a = 241a
f) 205b – 17 – 5b = 200b – 17
g) 200g – 15g – g = 215g
h) 102t – 12t – 2 = 90t – 2
i) 15x – x – x = 17x
j) 15x – 2x – x = 13x – 2
k) 113s – 11 – s = 0
l) 119t – 7t – 12t = 100t

6. Berechne die Tabellen. Fange mit den Termen an, die in der äußersten linken Spalte gegeben sind.

–	6x	(2x + 5)	(5x + 5)	26x	108x	(x – 3)	(9 + 8x)	162x	42
(12x – 15)									
(x – 2)									
(2x + 2)									
(12x – 1)									
(5x – 5)									
(26x – 3)									

–	15y	(2 – 2y)	42y	y	18	72y	(24y + 7)	(18 + y)	(13y + 1)
(14y – 18)									
(2y – 2)									
(5y + 7)									
(15y – 1)									
(18y + 2)									
(y – 2)									

Multiplikation von Termen 1

Lösung auf Seite 104

Bei der **Multiplikation** von Termen gilt:
Die **Zahlen** und die **Variablen** werden **getrennt** multipliziert.

$$4x \cdot 7y$$

Zahlfaktoren $4 \cdot 7$ Variablen $x \cdot y$

$= (4 \cdot 7) \cdot x \cdot y$
$= 28 \cdot x \cdot y$
$= 28xy$

Die Variablen werden in alphabetischer Reihenfolge aufgeschrieben. So geht man bei längeren Termen sicher, dass man keine Variable vergessen hat.

Zwischen verschiedenen Variablen entfällt der Malpunkt.
Statt $a \cdot b \cdot c$ schreibt man abc.

$3x \cdot 4$	$4x \cdot 5x$	$6x \cdot 2y + 3xy$
$= (3 \cdot 4) \cdot x$	$= (4 \cdot 5) \cdot x \cdot x$	$= (6 \cdot 2) \cdot x \cdot y + 3xy$
$= 12x$	$= 20x^2$	$= 12xy + 3xy$
		$= 15xy$

Unterscheide zwischen den verschiedenen Rechenoperationen:
$x + x = 2x$
$x \cdot x = x^2$
$x \cdot x \cdot x = x^3$

1. Löse die Aufgaben.

a) $4x \cdot 6$
   $15t \cdot 8$
   $14xy \cdot 5xy$

b) $15f \cdot 7$
   $34 \cdot 8y$
   $33y \cdot 6y$

c) $14 \cdot 7x$
   $15 \cdot 15b$
   $99r \cdot 99r$

d) $25 \cdot 3q$
   $23p \cdot 23p$
   $8ab \cdot 27ab$

e) $6a \cdot 20$
   $36d \cdot 2d$
   $10ac \cdot 25c$

f) $5s \cdot 4$
   $10y \cdot 7$
   $6t \cdot 7t \cdot t$

2. Vereinfache die Aufgaben.

a) $33uv \cdot 5u \cdot 2v$
b) $50s \cdot 3sr \cdot 4s$
c) $10x \cdot 5xy \cdot 24y$
d) $80d \cdot 2ds \cdot 2ds$
e) $90ab \cdot 3a \cdot 2ab$
f) $20b \cdot 2a \cdot 2ab$
g) $2x \cdot 16xy \cdot 6y$
h) $12g \cdot 2gh \cdot 20h$
i) $14m \cdot n \cdot m$
j) $x \cdot 2y \cdot 2xy$
k) $20s \cdot sr \cdot 2r$
l) $90lm \cdot 20lm \cdot m$
m) $102d \cdot 2ad \cdot a$
n) $2xy \cdot 2xy \cdot 2xy$
o) $6y \cdot 7x \cdot 20xy$

3. Multipliziere.

a) $a \cdot a \cdot b \cdot a \cdot b \cdot p$
b) $5x \cdot y \cdot z \cdot 3x \cdot z$
c) $a \cdot b \cdot c \cdot d \cdot b \cdot c \cdot d$
d) $xyz \cdot xyz \cdot xy \cdot z$
e) $xy \cdot xz \cdot ab \cdot ay \cdot bz$
f) $\frac{1}{4}y \cdot \frac{1}{2}xy$
g) $\frac{3}{8}sq \cdot \frac{2}{3}sq$
h) $\frac{5}{6}b^2 \cdot \frac{4}{5}b$
i) $2\frac{3}{10}x^2y \cdot 1\frac{2}{5}xy$
j) $\frac{2}{3}uv \cdot \frac{5}{9}uv^2$

Multiplikation von Termen 2

4. Ergänze die fehlenden Zahlfaktoren und Variablen.

a) ☐ · 7 = 56xy
b) 4b · ☐ = 24bc
c) 15a · ☐ = 255a²
d) ☐ · 25y² = 125xy²
e) 8g · ☐ = 64g²y
f) ☐ · 12v = 96v²w
g) ☐ · 13c = 169c³
h) 25ap · ☐ = 125ap²

5. Schreibe kürzer.

a) xy · xy · xy = ☐   und   xy + xy + xy = ☐
b) a · a · a = ☐   und   a + a + a = ☐
c) 2ab · 2ab = ☐   und   2ab + 2ab = ☐
d) 4aw · 4aw · 4aw = ☐   und   4aw + 4aw + 4aw = ☐

6. Rechne in der Tabelle.

·	3x	4x	6a	7ab	12a²z	9z	13z²	20bc	17pq
2x									
5y									
7z									
9bc									
12ab									
10p									
29									
6pg									
7z²									
10p²									

7. Berechne die Terme.

a) $28ab \cdot (-2a) \cdot 4bc \cdot (-3b)$
b) $7{,}5x^2 \cdot (-5{,}1yz) \cdot 8{,}1xz$
c) $a \cdot (-0{,}5z) \cdot 1{,}2az \cdot (5z)$
d) $(-1\frac{1}{2}vw) \cdot (-0{,}5vw) \cdot (-6vw)$
e) $12{,}5ab \cdot 0{,}4a \cdot (-5\frac{3}{4}ab)$
f) $4y^2 \cdot (-3{,}4x) \cdot 7{,}9x \cdot (-4{,}5xy) \cdot 3{,}9ab \cdot (-1{,}2ab)$

Division von Termen

Bei der **Division** von Termen gilt:

1. Wenn die Variable (Platzhalter) nur im Dividenden vorkommt, werden die **Zahlen** getrennt **dividiert**. Der **Platzhalter** wird ins Ergebnis **übertragen**.

$$12a : 4 = \frac{\overset{3}{\cancel{12}}a}{\cancel{4}} = 3a \qquad -20a^2b : 5 = \frac{-\overset{4}{\cancel{20}}a^2b}{\cancel{5}} = -4a^2b$$

Beachte:
$x : x = 1$
$x^2 : x^2 = 1$
$x^2 : x = x$
$x^3 : x^2 = x$
$x^3 : x = x^2$

2. Wenn die Variablen im Dividenden und im Divisor vorkommen:
- Die Zahlfaktoren werden dividiert.
- Gleiche Variablen werden dividiert.
- Ungleiche Variablen werden als Bruch geschrieben.

$$12x : 4x = \frac{\overset{3}{\cancel{12}} \cdot \cancel{x}}{\cancel{4} \cdot \cancel{x}} = 3 \qquad 20a^2b : 5a = \frac{\overset{4}{\cancel{20}} \cdot \overset{a}{\cancel{a^2}} \cdot b}{\cancel{5} \cdot \cancel{a}} = 4ab$$

1. Dividiere.

a) $45ab : 5$ b) $81x^2y : (-9)$ c) $49eg^2 : (-7e)$ d) $-6xy : 3xy$ e) $169asu : 13asu$

$49k : 7$ $90cx : (-10)$ $27ac^2 : (-3c^2)$ $-36as : 12s$ $-144d^2w^2 : 12dw$

Stelle die Terme auf und berechne sie.

2. Halbiere das Produkt aus x und 20 und multipliziere dann das Produkt aus x und 10 mit dem Ergebnis.

3. Verdopple das Produkt aus 5 und a und dividiere durch 2.

4. Bilde das Produkt aus 72, x^2 und y und dividiere durch 9.

5. Bilde die Summe aus x^2, x und der Zahl 11. Setze für x die Zahlen von 5 bis 10 ein und berechne den Term. Was stellst du fest?

6. Ergänze die fehlenden Zahlen und Variablen.

a) ☐ $: 8yz = 8yz$ b) ☐ $: 15x = 5xy^2$ c) $75ab^2 :$ ☐ $= 25ab$ d) $90as :$ ☐ $= 30as$

☐ $: 4pq = 6pq$ $210m^2n^2 :$ ☐ $= 70$ $25ax :$ ☐ $= 5a$ $39xt^2 :$ ☐ $= 3x$

7. Stelle den Term auf und überprüfe dann die Behauptung.

Behauptung: Die Summe aus drei aufeinanderfolgenden Zahlen ist durch 3 teilbar.
- Da die 3 Zahlen nicht bekannt sind, werden die Zahlen durch Variablen und Zahlen dargestellt.
- Dann wird der Term als Summe notiert. Überprüfung der Behauptung: Setze den Term in die Tabelle ein und berechne ihn.

x	1	2	3	4	5	6	7	8	9	10	11	12
Term												

Lösen von Gleichungen 1

Bei einer **Gleichung** sind **zwei Terme** durch ein **Gleichheitszeichen** miteinander verbunden. Eine Gleichung ist die Behauptung, dass zwei Terme gleich sind. Deshalb muss bei einer Gleichung links vom Gleichheitszeichen nach einer Umformung das gleiche Ergebnis herauskommen wie rechts davon.

Bisher hast du für die Variablen in einer Gleichung Zahlen angegeben bekommen, z.B. $x = 3$ oder $y = 6$.

Es gibt aber Gleichungen, bei denen die Zahlen für die Variablen noch berechnet werden müssen, z.B. $x + 3 = 15$ oder $3x + 1 = 10$.

Die Werte, die anstelle der Variablen in die Gleichung eingesetzt werden können, bilden die **Grundmenge G**.
Setzt man für die Variable Zahlen der Grundmenge ein, so erhält man eine wahre oder falsche Aussage, z.B. für

$x + 3 = 15$ $10 + 3 = 15$ (falsche Aussage)
                 $12 + 3 = 15$ (wahre Aussage)

Die Zahlen, die eine wahre Aussage ergeben, nennt man Lösungen der Gleichung. Sie werden als **Lösungsmenge L** zusammengefasst.
Für $x + 3 = 15$ ist die Lösungsmenge $\mathbb{L} = \{12\}$.

1. **Welche der Gleichungen sind wahr? Unterstreiche.**

   a) $1 + 2 = 2 + 1$
      $9 : 9 + 8 : 8 = 16 : 16$
      $8 \cdot 110 = 888$

   b) $0{,}5 + 0{,}4 = 0{,}10$
      $-2 : -2 = -4$
      $12{,}2 + 12\frac{1}{5} = 0$

   c) $-\frac{33}{3} + \frac{33}{11} = 8$
      $18 = \frac{18}{1} \cdot 1$
      $16 \cdot (-2) \cdot \frac{1}{16} = 2$

2. **Löse durch Probieren. Setze die Zahlen von 0 bis 10 ein. Notiere die Lösungsmenge.**

   a) $8x + 4 = 10x$ $\mathbb{L} = \{\ \ \}$
   b) $-11 + x = 7 - 2x$ $\mathbb{L} = \{\ \ \}$
   c) $26 + 2x = 6x - 14$ $\mathbb{L} = \{\ \ \}$
   d) $-3 + 5x = -x + 9$ $\mathbb{L} = \{\ \ \}$
   e) $4x + 6 = 30$ $\mathbb{L} = \{\ \ \}$
   f) $5x = 4x + 3$ $\mathbb{L} = \{\ \ \}$
   g) $10 + 8x = 13x - 10$ $\mathbb{L} = \{\ \ \}$
   h) $-5x - 18{,}5 = -48{,}5$ $\mathbb{L} = \{\ \ \}$

Lösen von Gleichungen 2

Lösen von Gleichungen durch Probieren.

Wenn es sich um einfache Gleichungen handelt, kann man sie durch Probieren lösen. Aber Probieren ist keine Mathematik!

3. Welche Lösungsmenge passt zu welcher Gleichung?

a) $3x + 7 = 13$ $\mathbb{L} = \{ 5 \}$

b) $-2x - x = -6$ $\mathbb{L} = \{ 20 \}$

c) $-(-x) + 2 = 9$ $\mathbb{L} = \{ 7 \}$

d) $x \cdot (-2) = -4$ $\mathbb{L} = \{ 12 \}$

e) $x : (-\frac{1}{4}) = -48$ $\mathbb{L} = \{ 4 \}$

f) $x + x - x = 5$ $\mathbb{L} = \{ 19 \}$

g) $\frac{1}{2}x = 2$ $\mathbb{L} = \{ 2 \}$

h) $133 = 7x$ $\mathbb{L} = \{ 2 \}$

i) $x - 5 = 15$ $\mathbb{L} = \{ 2 \}$

j) $3x + 15 - x = 23$ $\mathbb{L} = \{ 8 \}$

k) $111 + 2x + x = 444$ $\mathbb{L} = \{ 4 \}$

l) $0{,}5x + \frac{1}{2}x = 3$ $\mathbb{L} = \{ 111 \}$

m) $1{,}5 = 0{,}5x$ $\mathbb{L} = \{ 3 \}$

n) $x^2 - 9 = 40$ $\mathbb{L} = \{ 3 \}$

o) $x : (-\frac{2}{3}) = -12$ $\mathbb{L} = \{ 7 \}$

4. Welche der 3 Lösungsmengen passt zu der Gleichung?

a) $8x - 9 - 6x - 14 = 11x - 9 - 10x - 13$ $\mathbb{L} = \{ 0 \};$ $\mathbb{L} = \{ 1 \};$ $\mathbb{L} = \{ 2 \}$

b) $11x - 18 - 31 + 5x = 41 - 5x + 14x - 13$ $\mathbb{L} = \{ 9 \};$ $\mathbb{L} = \{ 10 \};$ $\mathbb{L} = \{ 11 \}$

c) $9 - 2x + 5 + 8 = 5x + 6 + x + 4x - 20$ $\mathbb{L} = \{ 3 \};$ $\mathbb{L} = \{ 4 \};$ $\mathbb{L} = \{ 5 \}$

Lösen von Gleichungen 3

Bei komplizierten Gleichungen braucht man für das Finden der Lösung durch Probieren zu viel Zeit. Alle Gleichungen lassen sich jedoch durch Berechnen lösen.

Eine Gleichung wird durch die so genannte **Äquivalenzumformung** gelöst. Dabei werden die linke und rechte Seite in gleicher Weise abgeändert, sodass die Behauptung in der Gleichung erhalten bleibt.

Übrigens: „äquivalent" kommt aus dem Lateinischen und heißt „gleichwertig".

- Durch die Umformung wird der Zahlenwert für die Variable errechnet.
- Man darf dabei z.B. beide Seiten der Gleichung mit derselben Zahl addieren, subtrahieren, multiplizieren (außer mit 0) und dividieren.
- Die Lösungsmenge bleibt bei der Umformung unverändert.

Mit Gleichungen darfst du (fast) alles machen. Du musst es nur auf beiden Seiten des Gleichheitszeichens tun.

Lösen von Gleichungen durch Äquivalenzumformung

$x + 6 = 30$ ← Durch Umformung soll die Variable x allein auf einer Seite stehen, damit man einen Zahlenwert für x auf der anderen Seite erhält.

$x + 6 = 30 \mid -6$ ← Diese Schreibweise bedeutet, dass auf beiden Seiten der Gleichung −6 gerechnet werden soll.

$x + 6 - 6 = 30 - 6$ ← Auf der linken Seite bedeutet $+6 - 6 = 0$, auf der rechten Seite bedeutet $30 - 6 = 24$. Damit heißt die Gleichung: $x + 0 = 24$.

$x = 24$ ← Das ist die Lösung für die Gleichung $x + 6 = 30$.

Es geht auch kürzer:

$x + 6 = 30 \mid -6$ Wechselt eine Zahl die Seite, dann wechselt sie auch ihr Vorzeichen:
$x = 30 - 6$ $\boxed{+}$ wird zu $\boxed{-}$ $\boxed{\cdot}$ wird zu $\boxed{:}$
$x = 24$ $\boxed{-}$ wird zu $\boxed{+}$ $\boxed{:}$ wird zu $\boxed{\cdot}$

Einsetzen des errechneten x-Wertes in die Gleichung:

$24 + 6 = 30$ ← Auf der linken Seite bedeutet $24 + 6 = 30$.
$30 = 30$ ← Man erhält eine wahre Gleichung. Die Lösung $x = 24$ ist richtig.

1. Löse die Gleichungen durch Äquivalenzumformung.

a) $x + 24 = 32$ b) $x + 8 = 64$ c) $9 + x = 45$ d) $\frac{1}{2} + x = 2\frac{1}{2}$ e) $15 + x = 87$

f) $32 + x = 43$ g) $27 + x = 13$ h) $16,3 + x = 37,5$ i) $x + 27 = -13$ j) $\frac{1}{10} + x = 2,5$

2. Die Variable kann auch auf der rechten Seite stehen. Bringe dann die Zahlen auf die linke Seite. Du erhältst z.B. eine Lösung $5 = x$.

a) $8 = x + 7$ b) $3 = x - 45$ c) $-54 = 9 + x$ d) $0 = x + 1$ e) $20 = \frac{1}{5} + x$

f) $4,5 = 1,2 + x$ g) $-88 = x + 18$ h) $15 = 5 + x$ i) $54 = 11 + x$ j) $-79 = x + 3,5$

Lösen von Gleichungen 4

Bei der Lösung von Gleichungen durch Äquivalenzumformung wird links und rechts vom Gleichheitszeichen dieselbe Rechnung ausgeführt.

Es gibt verschiedene Formen von Gleichungen, bei denen unterschiedliche Rechenschritte nötig sind.
Die folgenden Beispiele in kurzer Rechenform sollen dir einen Überblick verschaffen.

❶ $x - 4 = 9$ $\quad | + 4$
$x = 9 + 4$
$x = 13$

❷ $-5 + x = 11$ $\quad | + 5$
$x = 11 + 5$
$x = 16$

❸ $-7 - x = -12$ $\quad | + 7$
$-x = -12 + 7$
$-x = -5$ $\quad | \cdot (-1)$
$x = 5$

❹ $-x + 3 = -8$ $\quad | -3$
$-x = -8 - 3$
$-x = -11$ $\quad | \cdot (-1)$
$x = 11$

❺ $x \cdot 6 = 36$ $\quad | : 6$
$x = 36 : 6$
$x = 6$

❻ $x \cdot (-5) = 20$ $\quad | : (-5)$
$x = 20 : (-5)$
$x = -4$

❼ $-9 \cdot x = 81$ $\quad | : (-9)$
$x = 81 : (-9)$
$x = -9$

❽ $x : 2 = 6$ $\quad | \cdot 2$
$x = 6 \cdot 2$
$x = 12$

❾ $x : (-5) = 10$ $\quad | \cdot (-5)$
$x = 10 \cdot (-5)$
$x = -50$

❿ $8x + 4x = 36$
$12x = 36$ $\quad | : 12$
$x = 36 : 12$
$x = 3$

1. Löse die Gleichungen.

a) $6x - 3x = 27$
$4x - 2x = 36$
$9x - 4x = 55$
$12x - 3x = -90$

b) $2x + 5x = 49$
$-5x + 8x = 30$
$-9x + 4x = -55$
$4x + 9x = -39$

c) $-10 + x = 20$
$-5{,}9 + x = 7{,}8$
$-6{,}1 + x = 3{,}9$
$-37 + x = -74$

d) $-13 - x = -15$
$-35 - x = -65$
$-52 - x = -54$
$-8{,}5 - x = -10{,}1$

e) $x - 4 = 12$
$x - \frac{2}{3} = 2\frac{3}{4}$
$x - 2{,}3 = -6{,}7$
$x - 9 = 10{,}8$

f) $-x + 5 = -12$
$-x + 5{,}8 = -7{,}1$
$-x + 7 = -17$
$-x + 9{,}1 = -9{,}1$

Lösen von Gleichungen 5

Lösung auf Seite 105

2. Löse die Gleichungen.

a) $x \cdot 6 = 12$
   $x \cdot 18 = 90$
   $x \cdot 3{,}6 = 18$
   $x \cdot 9{,}1 = 36{,}4$

b) $x \cdot (-9) = 81$
   $x \cdot (-3) = 66$
   $x \cdot (-15) = 90$
   $x \cdot (-35) = 210$

c) $-8 \cdot x = 64$
   $-5 \cdot x = 100$
   $-33 \cdot x = 198$
   $-14 \cdot x = 126$

d) $x : 7 = 126$
   $x : 13 = 16$
   $x : 6{,}9 = 3{,}8$
   $x : 1{,}8 = 7{,}3$

e) $x : (-6) = 12$
   $x : (-9) = 18$
   $x : (-3{,}7) = 8{,}8$
   $x : (-1\tfrac{1}{7}) = 2\tfrac{4}{5}$

f) $2x - 18 = 12$
   $22 + 5x = 17$
   $-6x : 3 = 20$
   $3x \cdot (-2) = 60$

3. Löse die Gleichungen.

a) $4 \cdot x = 12$ und $4 + x = 12$
b) $15 = 3 + x$ und $15 = 3 \cdot x$
c) $x \cdot 6 = 36$ und $x + 6 = 36$
d) $-35 = \tfrac{1}{2} \cdot x$ und $-35 = \tfrac{1}{2} + x$
e) $\tfrac{1}{3} + x = 3$ und $\tfrac{1}{3} \cdot x = 3\tfrac{2}{3}$
f) $x + 2 = 4$ und $x \cdot 2 = 4$
g) $8 + 2x = 12$ und $8 \cdot 2x = 12$

Hier kommst du durch logisches Überlegen weiter: Wenn das Endergebnis der Gleichung rechts doppelt so groß ist wie das der linken Gleichung, muss auch die gesuchte Zahl doppelt so groß sein. Wenn das Endergebnis halb so groß ist, halbierst du auch die gesuchte Zahl. Der Wert der Variablen bleibt bei beiden Gleichungen derselbe, denn x steht für dieselbe Zahl.

$3x = 6$ und $6x = 12$

4. Ergänze die fehlenden Zahlen so, dass beide Gleichungen übereinstimmen.

a) $3x = 6$ und $\square\, x = 12$
b) $6x = -24$ und $\square\, x = -12$
c) $8x = 64$ und $\square\, x = 112$
d) $0{,}5x = 30$ und $\square\, x = 120$
e) $65x = 195$ und $\square\, x = 9$

Die Mathe-Merk-Mappe – Klasse 7

Aufstellen von Gleichungen

Lösung auf Seite 105

Die Schwierigkeit bei Textaufgaben ist das richtige Aufstellen der Gleichung.

Ein Beispiel: Ein Vater und seine Tochter sind zusammen 55 Jahre alt. Der Vater ist 25 Jahre älter als die Tochter. Wie alt sind beide jeweils?

1. Tochter: **x** Jahre   Vater: **x + 25** Jahre
2. Rechenzeichen festlegen   +
   und Gleichung aufstellen: **x + x + 25 = 55**
3. Gleichung lösen: $2x + 25 = 55 \mid -25$
   $2x = 55 - 25$
   $2x = 30 \mid :2$
   $x = 15$
4. Ergebnis prüfen:
   Die Tochter ist 15 Jahre alt, und der Vater ist 15 + 25 = 40 Jahre alt.
   Tochter und Vater sind zusammen 55 Jahre alt.

Lösungsschritte:
1. Lege die Variablen für die unbekannten Zahlen fest.
2. Verbinde die Variablen und Zahlen durch passende Rechenzeichen in der richtigen Reihenfolge zur Gleichung.
3. Löse die Gleichung.
4. Überprüfe das Ergebnis am Text.

Stelle die Gleichungen auf und löse sie.

1. Herr Schneider ist 3-mal so alt wie sein Sohn. Zusammen sind sie 52 Jahre alt.
2. Herr Süter ist 8 Jahre älter als seine Frau. Frau Süter ist 4-mal so alt wie ihr Sohn Tom. Zusammen sind sie 89 Jahre alt.
3. Die Summe von zwei benachbarten natürlichen Zahlen ist 107. Welche Zahlen sind es?
4. In einer Jugendgruppe sind 31 Jugendliche. Es sind 7 Mädchen mehr als Jungen. Wie viele Mädchen und Jungen sind in der Gruppe?
5. Kathrin hat doppelt so viel gespart wie ihr Bruder Tim. Ihre Schwester Marlin hat 5 Euro weniger gespart als Kathrin. Zusammen haben sie 250 Euro gespart. Wie viel hat jedes der drei Kinder gespart?
6. Ein Rechteck ist 6 cm länger als breit. Der Umfang des Rechtecks beträgt 36 cm. Berechne die Länge und Breite des Rechtecks.
7. Die Seite a eines Dreiecks ist 3-mal so groß wie die Seite b. Die Seite c ist doppelt so groß wie die Seite b. Der Umfang des Dreiecks beträgt 72 cm. Wie lang sind die drei Seiten?
8. Die Addition von 3 aufeinanderfolgenden Zahlen ergibt 450. Welche Zahlen sind es?
9. Die Differenz zweier Zahlen beträgt 8. Vermindert man das 8-Fache der kleineren Zahl um das Doppelte der größeren, so erhält man 26.

Lösen von Ungleichungen 1

Eine **Ungleichung** besteht aus **zwei Termen**, die durch ein **Ungleichheitszeichen** (> oder <) miteinander verbunden sind.
- Ungleichungen werden wie Gleichungen gelöst. Der Unterschied ist aber, dass es bei Ungleichungen mehrere Lösungen gibt.
- Die Ungleichheitszeichen werden beim Multiplizieren oder beim Dividieren durch negative Zahlen umgedreht.

Hier sind ein paar Beispiele für das Lösen von Ungleichungen:

a) $2x + 6 < 10 \quad | -6$
$2x < 10 - 6$
$2x < 4 \quad | :2$
$x < 2$

b) $3x - 5 > 1 \quad | +5$
$3x > 1 + 5$
$3x > 6 \quad | :3$
$x > 2$

c) $-10x > -5 \quad | :(-10)$
$x < -5 : (-10)$
$x < 0{,}5$

d) $x : (-5) \leqq 9 \quad | \cdot(-5)$
$x \geqq 9 \cdot (-5)$
$x \geqq -45$

Die Lösung gilt für Zahlen, die

a) kleiner als 2 sind. $\quad \mathbb{L} = \{0, 1\}$
b) größer als 2 sind. $\quad \mathbb{L} = \{3, 4, 5, ...\}$
c) kleiner als 0,5 sind. $\quad \mathbb{L} = \{0{,}4; 0{,}3; ...\}$
d) größer oder gleich –45 sind. $\quad \mathbb{L} = \{-45, -44, -43, ...\}$

Übrigens:
$\leqq$ *bedeutet „kleiner als oder gleich"*
$\geqq$ *bedeutet „größer als oder gleich"*

1. Bestimme mindestens 3 Zahlen für die Lösungsmengen.

a) $x > 5$
   $x < -6$
   $\frac{2}{3} > x$

b) $6 > x$
   $8 \leqq x$
   $x < -10$

c) $7 < x$
   $x > 0{,}4$
   $\frac{3}{5} > x$

d) $18 \geqq x$
   $\frac{1}{2} \geqq x$
   $1{,}2 \leqq x$

e) $3x > 9$
   $x < 0$
   $x \geqq -1$

f) $x > -5$
   $x > 0$
   $4x > 16$

2. Löse die Ungleichungen. Gib mindestens 3 Zahlen für die Lösungsmengen an.

a) $x + 5 \leqq 10$
b) $3x - 8 > 13$
c) $15 > 3 - 3x$
d) $(-20 + 5x) \cdot 3 > -5x - 20$
e) $4\frac{1}{2}x - 6 > 0$
f) $2x - 3 \leqq 5$
g) $-3x < 18 + 3$
h) $\frac{1}{4} - x < -\frac{1}{8}$

3. Stelle die Ungleichungen auf.

a) Bestimme alle natürlichen Zahlen, deren Doppeltes, vermehrt um 12, kleiner als 10 ist.
b) Bestimme alle natürlichen Zahlen, deren Doppeltes, vermindert um 4, kleiner als 2 ist.
c) Bestimme alle natürlichen Zahlen, deren 3-Faches, vermehrt um 4, größer oder gleich 1 ist.

Lösen von Ungleichungen 2

4. Ordne die Rechenschritte zur Lösung der Ungleichung.

a) $x > -9 + 7$

$(-7) + x < -9 \quad | +7$

$x > -2$

b) $-2x > -10 \quad | :(-2)$

$10 + 5x - 7x < 0 \quad | -10$

$x < 5$

$10 + 5x < 7x \quad | -7x$

c) $2x < 30 + 50$

$x < 40$

$2x - 50 < 30 \quad | +50$

$2x < 80 \quad | :2$

5. Gib für jede Aufgabe mindestens 3 Zahlen für die Lösungsmenge an. Vergleiche die Lösungsmengen miteinander.

a) $x - (-8) = 10$ **b)** $x - (-8) < 10$ **c)** $x - (-8) > 10$

6. Die eine Seite eines rechteckigen Beetes ist 2 m länger als die andere.
Der Umfang des Beetes liegt zwischen 60 m und 62 m.
Welche Seitenlängen sind für die kürzeren Seiten möglich?

7. Eine Telefongesellschaft bietet zwei verschiedene Handy-Tarife an.
Tarif 1 enthält keine Grundgebühr, und jede Gesprächsminute kostet 0,91 €. Tarif 2 besteht aus einer monatlichen Grundgebühr von 10,17 €, und zusätzlich kostet jede Gesprächsminute 0,35 €.
Bis zu welchen monatlichen Gesprächszeiten ist Tarif 1 günstiger gegenüber Tarif 2?

8. Ein Elektrogeschäft bietet zwei Gefriertruhen mit gleichem Fassungsvermögen an. Typ „Bio-Frost" verbraucht pro Tag 0,53 Kilowatt und kostet 587,50 €. Typ „Frosty" verbraucht pro Tag 0,63 Kilowatt und kostet 459,90 €. Der Strompreis beträgt 10,18 ct pro Kilowatt. Wie viel Tage müssen die Gefriertruhen betrieben werden, damit sich die Anschaffung von „Bio-Frost" im Vergleich zu „Frosty" lohnt?

Die Mathe-Merk-Mappe – Klasse 7

Prozentrechnung

Was ist Prozentrechnung?

Prozent bedeutet „*Hundertstel*". Die Prozentrechnung ist eine Verhältnisrechnung mit dem Maßstab 100. D.h. dass ein bestimmter Anteil einer Größe auf 100 bezogen wird. Man kann das auch in Form eines Bruches ausdrücken:

$$\frac{1}{100} \rightarrow 1\%$$

1% ist also nichts anderes als ein Hundertstel, d.h. geteilt durch 100.

2% sind $\frac{2}{100}$, 3% sind $\frac{3}{100}$ usw.

Der Prozentsatz gibt immer an, welcher Bruchteil vom Ganzen zu bilden ist.

Ein Beispiel: Bei einer Umfrage gaben 25% der 1500 befragten 12-Jährigen an, täglich mindestens 2 Stunden vor dem Computer zu sitzen. Wie viele Jugendliche sind das in absoluten Zahlen ausgedrückt?

Prozentsatz p	**25%**
	von
Grundwert G	**1500 Jugendlichen**
Prozentwert W	**= ? Jugendliche**

- Der **Prozentsatz** ist die Zahl, die das Verhältnis zur Vergleichszahl 100 angibt.
- Der **Grundwert** ist der Wert, der mit der Vergleichszahl 100 verglichen wird. Er entspricht immer 100%.
- Der **Prozentwert** ist der Wert, der aus dem Grundwert mit Hilfe des Prozentsatzes berechnet wird.

Um jeweils die dritte Größe zu berechnen, müssen zwei dieser Größen bekannt sein.

Die Formeln dazu lauten:

für den Prozentsatz $\quad p = 100 \cdot \frac{W}{G}$

für den Grundwert $\quad G = \frac{100}{p} \cdot W$

für den Prozentwert $\quad W = \frac{p}{100} \cdot G$

also: $W = \frac{25}{100} \cdot 1500 = 375$

In dem Beispiel entsprechen 25% 375 Jugendlichen.

Wozu braucht man Prozentrechnung?

Prozentrechnung hilft dir im Alltag, Anteile miteinander zu vergleichen, die unterschiedliche Bezugsgrößen haben.

Eure Mathe-Lehrerin teilt euch mit, dass 20% von euch bei der letzten Mathe-Arbeit eine Zwei geschrieben haben. Gleichzeitig erwähnt sie, dass auch 20% eurer Mitschüler aus der Parallelklasse bei derselben Arbeit eine Zwei bekommen haben. Dann ist der Stand doch gleich – oder? Um das herauszufinden, musst du 20% jeweils in Bezug zur Klassengröße setzen. Angenommen, in deiner Klasse sind 25 Schüler, in der Parallelklasse dagegen nur 20 Schüler. 20% von 25 Schülern sind 5 Schüler. ($\frac{25 \cdot 20}{100} = 5$)
Es haben also 5 von euch eine Zwei in der Mathe-Arbeit geschrieben. In der Parallelklasse sind nur 20 Schüler. 20% davon entspricht einer Anzahl von 4 Schülern. ($\frac{20 \cdot 20}{100} = 4$)
4 eurer Mitschüler aus der Parallelklasse haben auch eine Zwei in der Mathe-Arbeit bekommen.

Mit Hilfe der Prozentrechnung kannst du auch Verringerungen oder Erhöhungen von Beträgen berechnen:
Du willst im Sommerschlussverkauf eine Jacke kaufen. Ein Geschäft bietet auf den bisherigen Preis 20% Rabatt an. Auf dem Preisschild an der Jacke steht 95 €. Wenn du 20% von dem Preis abziehst, weißt du, was die Jacke jetzt kostet.

Prozentbegriff 1

Lösung auf Seite 106

Die **Prozentschreibweise** wird benutzt, um darzustellen, welchen **Anteil** ein Wert, bezogen auf die **Gesamtmenge** (den Grundwert), hat.

Für $\frac{1}{100}$ schreibt man 1% (1 Prozent).

Für $\frac{p}{100}$ schreibt man p% (p Prozent).

$\frac{2}{5}$ der Fläche sind dunkel gefärbt. Wie viel ist das in Prozent ausgedrückt?

Dazu wir der Bruch auf Hundertstel erweitert:

$\frac{2 \cdot 20}{5 \cdot 20} = \frac{40}{100}$ (= 0,40) der Fläche = 40%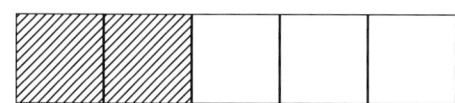

$\frac{3}{4}$ der Fläche sind dunkel gefärbt. Wie viel ist das in Prozent ausgedrückt?

Dazu wird der Bruch auf Hundertstel erweitert:

$\frac{3 \cdot 25}{4 \cdot 25} = \frac{75}{100}$ (= 0,75) der Fläche = 75%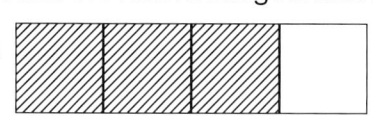

1. **Schreibe in Prozent. Erweitere oder kürze vorher auf Hundertstelbrüche.**

   a) $\frac{4}{10}$ $\frac{7}{10}$ $\frac{13}{20}$ $\frac{17}{20}$ $\frac{3}{20}$ $\frac{3}{25}$ $\frac{19}{25}$ $\frac{22}{25}$ $\frac{3}{50}$ $\frac{34}{50}$ $\frac{29}{50}$

   b) $\frac{1}{2}$ $\frac{1}{4}$ $\frac{3}{4}$ $\frac{3}{5}$ $\frac{4}{5}$

   c) $\frac{20}{200}$ $\frac{28}{200}$ $\frac{128}{400}$ $\frac{364}{400}$ $\frac{125}{500}$ $\frac{250}{500}$ $\frac{300}{1000}$

2. **Schreibe als Bruch. Kürze den Bruch, wenn möglich.**

   a) 2%   4%   7%   9%   15%   17%
   b) 20%   30%   40%   50%   60%   70%
   c) 12,5% 15,5% 18,5% 20,5%
   d) 0,2%   0,82% 1,3%   15,7% 39,1%

3. **Setze die Zeichen <, =, > ein.**

   2% ☐ 0,2 $\frac{1}{5}$ ☐ 20%   0,5 ☐ 5%

   1,2 ☐ 12% $\frac{1}{2}$ ☐ 50%   0,25% ☐ $\frac{1}{4}$

4. **Schreibe die Anteile als Prozent.**

   a) 24 m   von 60 m   b) 19 m   von 50 m
   c) 18 €   von 30 €   d) 16 €   von 40 €
   e) 15 l   von 75 l   f) 64 l   von 80 l
   g) 30 hl von 200 hl   h) 45 hl von 500 hl

Prozentbegriff 2

5. Schreibe in Prozent.

a) jeder Fünfte   b) die Hälfte   c) jeder Zehnte
d) ein Zwanzigstel   e) drei Viertel   f) zwei Hundertstel

6. Wie viel Prozent der Fläche ist eingefärbt?

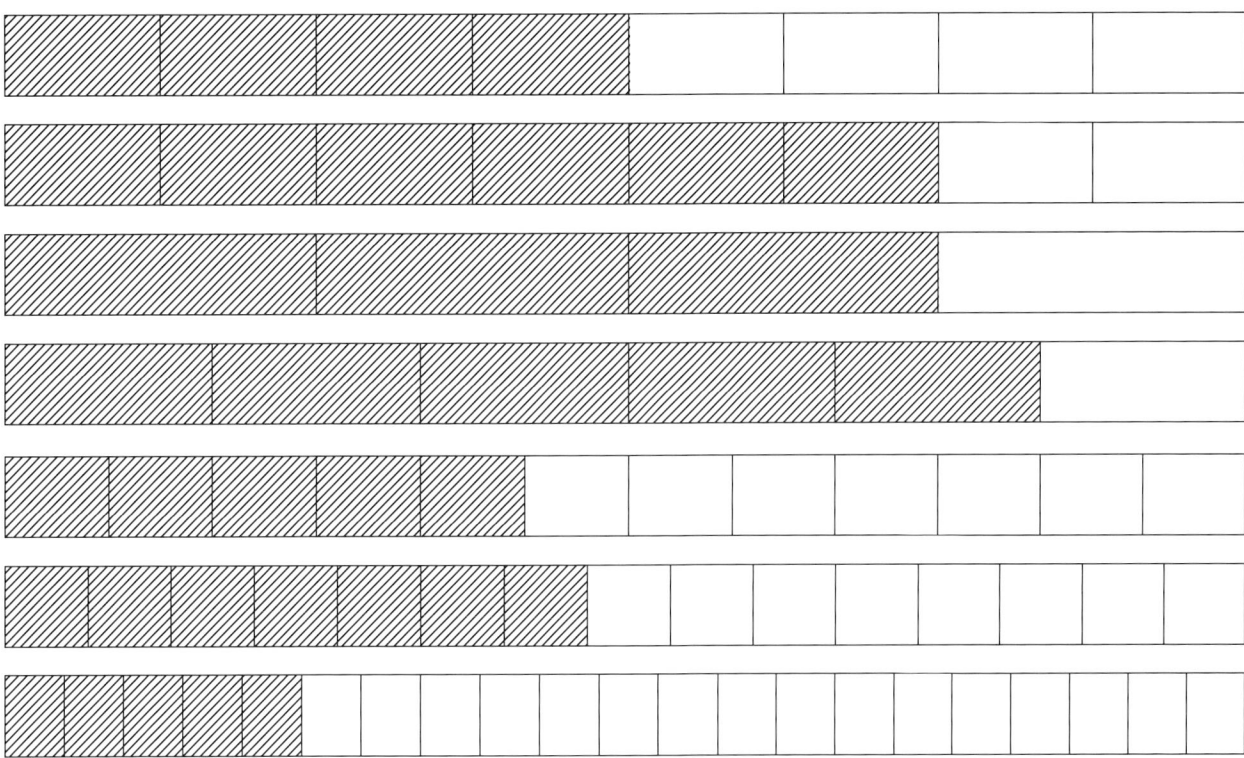

7. Schreibe die Prozentangaben erst als Dezimalbruch, dann als Bruch.

a) 15%   30%   50%   46%   9%   24%
b) 0,25%   0,2%   75%   0,45%   1,1%
c) 110%   125%   130%   144%   135%

8. Zeichne die Prozente in die Streifen.

a) Ein Pullover besteht zu 50% aus Baumwolle, zu 30% aus Wolle und zu 20% aus Synthetik.
b) Von 100 kontrollierten PKW hatten 20% schlechte Reifen, 10% Mängel an den Bremsen. 70% waren ohne Beanstandungen.

a) *Faseranteile im Pullover*

b) *kontrollierte PKW*

Diagramme mit Prozentangaben

Lösung auf Seite 106

Prozentangaben lassen sich durch Grafiken veranschaulichen.
Dazu dienen **Kreis-**, **Säulen-** oder **Streifendiagramme**.

Eine Umfrage unter 100 Jugendlichen zu ihrem Lieblingsfach brachte folgende Ergebnisse:

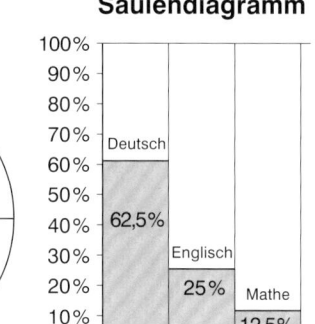

Streifendiagramm

| 62,5% Deutsch | 12,5% Mathe | 25% Englisch |

Für das **Kreisdiagramm** müssen die Prozente in Winkelmaße umgerechnet werden:

1% von $360° = \frac{1}{100} \cdot 360° = 3{,}6°$

15% von $360° = \frac{15}{100} \cdot 360° = 54°$

50% von $360° = \frac{50}{100} \cdot 360° = 180°$

Zur Veranschaulichung der Prozente in Form von **Streifendiagrammen** zeichnet man einen Streifen von z.B. 10 cm.

Man rechnet:
1% von 10 cm $= 1 \cdot 100$ mm $: 100 = 1$ mm
25% von 10 cm $= 25 \cdot 100$ mm $: 100 = 25$ mm
50% von 10 cm $= 50 \cdot 100$ mm $: 100 = 50$ mm

Zeichne ins Matheheft.

1. Nach der Wahl werden die gewonnenen Wahlergebnisse in Prozentangaben dargestellt. Danach setzen sich die Prozente für die Parteien wie folgt zusammen:
   SUV 45,1%   ZVD 34,4%   UVR 11,5%   RRS 9%.
   a) Zeichne einen Kreis mit dem Radius r = 4 cm und trage die Prozentangaben ein.
   b) Zeichne ein Streifendiagramm von 10 cm Länge und trage die Prozentangaben ein.

2. Ein Verein mit 100 Mitgliedern wählt seinen Vorsitzenden neu.
   Die Auszählung der Wahlzettel ergibt folgendes Stimmenverhältnis:
   Der 1. Kandidat erhält 55 Stimmen für ihn, 23 gegen ihn, 20 enthielten sich,
   2 Wahlzettel waren ungültig. Der 2. Kandidat erhält 78 Stimmen für ihn,
   12 gegen ihn, 8 enthielten sich, 2 Wahlzettel waren ungültig.
   a) Zeichne zwei Säulendiagramme und trage die Prozente ein.
   b) Zeichne ein drittes Säulendiagramm und trage die Unterschiede in den Abstimmungen ein.

3. Der Hausmüll einer Familie setzt sich durchschnittlich wie folgt zusammen:
   Glas 60%, Papier 4%, Metall 20% und Kunststoff 16%.
   Stelle die Prozentangaben in einem Streifendiagramm von 10 cm Länge dar.

Prozentwert 1

In der Prozentrechnung unterscheidet man zwischen **Grundwert**,
Prozentwert und **Prozentsatz**.
- Der Grundwert ist der Wert, der mit der Vergleichszahl 100 verglichen wird.
  Er wird immer mit 100% gleichgesetzt. (Das ist die Gesamtmenge,
  von der die Prozente berechnet werden.)
- Der Prozentwert ist der Wert, der aus dem Grundwert mit Hilfe des
  Prozentsatzes berechnet wird. (Das sind die Prozente in Zahlen ausgedrückt.)
- Der Prozentsatz ist die Zahl, die das Verhältnis zur Vergleichszahl 100 angibt.
  (Das ist die Prozentzahl.)

Um die dritte Größe zu berechnen, müssen jeweils zwei dieser Größen bekannt sein.

Wenn 40% von 25 SchülerInnen Mädchen sind, wie viele Mädchen sind das in Zahlen?

40% Mädchen	von	25 Schülern	≙	wie viele Mädchen?
Prozentsatz		*Grundwert*		*Prozentwert*

Der **Prozentwert** wird berechnet:

$$\frac{\text{Grundwert (G)} \cdot \text{Prozentsatz (p)}}{100} = \text{Prozentwert (W)}$$

kürzer: $W = G \cdot p = \dfrac{G \cdot p}{100}$

Wenn ihr mich fragt, sind das genau 5 Mädchen zu wenig.

Rechenverfahren mit **Formel**:

$$W = \frac{G \cdot p}{100}$$
$$= \frac{25 \cdot 40}{100}$$
$$= 10$$

40% von 25 = 10

Rechenverfahren mit **Dreisatz**:

100% ≙ 25

1% ≙ $\dfrac{25}{100}$

40% ≙ $\dfrac{25 \cdot 40}{100}$

40% ≙ 10

Löse die Aufgaben im Matheheft.

1. Berechne von 800 €   **a)** 2%   **b)** 6%   **c)** 50%   **d)** 12%   **e)** 15%   **f)** 80%.
2. Berechne 6% von   **a)** 300 €   **b)** 240 €   **c)** 4800 €   **d)** 42000 €   **e)** 54600 €.

3. **a)** 61% von 520 kg   **b)** 3,5% von 742,5 kg   **c)** 70% von 4700 m   **d)** 40% von 7200 m
   e) 4% von 25 l   **f)** 6,75% von 540 l   **g)** 2,5% von 120 €   **h)** 120% von 350 €

4. Herr Bieder ist Autoverkäufer. Für jedes verkaufte Auto erhält er eine Vermittlungsgebühr von 12%. Im letzten Monat hat er für 60500 € Autos verkauft. Wie hoch war seine Vermittlungsgebühr?

Prozentwert 2

Löse die Aufgaben im Matheheft.

5. Familie Pieter kauft ein Haus über einen Makler.
   Der Kaufpreis des Hauses beträgt 240000 €.
   Für die Vermittlung erhält der Makler 3% vom Kaufpreis.
   a) Wie viel € verdient der Makler an der Vermittlung?
   b) Wie viel € muss Familie Pieter insgesamt aufbringen?

6. Im Fundbüro informiert ein Schild über den Anspruch
   auf Finderlohn. Der Finder erhält 4% vom Wert der Fundsache.
   Liegt der Wert über 500 €, so steigt der Finderlohn nochmals um 2%.
   Welchen Finderlohn erhalten die Finder folgender Gegenstände?

Gegenstand	Wert	Finderlohn	Gegenstand	Wert	Finderlohn
Goldring	550 €		Goldarmband	1200 €	
Geldbörse mit Inhalt	250 €		Silberarmband	120 €	
Kamera	2300 €		Fahrrad	850 €	
Regenschirm	20 €		Brille	600 €	
Armbanduhr	1500 €		Handy	150 €	
Taschenrechner	50 €		Laptop	2800 €	
Seidenschal	60 €		Koffer	190 €	

7. Familie Sieber möchte ein Wohnmobil für 52000 € kaufen.
   36000 € bezahlt sie aus ihren Ersparnissen. Den fehlenden Betrag
   leihen sie sich von Freunden. Da Familie Sieber eine Sonderlackierung
   für ihr Wohnmobil wünscht, muss sie noch einen Aufpreis von 6% auf den
   eigentlichen Kaufpreis bezahlen.
   a) Wie viel € leiht sich Familie Sieber?
   b) Wie viel € beträgt der Aufschlag für die Sonderlackierung?

Prozentsatz

Wie viel Rabatt sind 36 € von 240 € in Prozentzahlen ausgedrückt?
36 € Rabatt von 240 € = wie viel Rabatt?

Prozentwert *Grundwert* *Prozentsatz*

Der **Prozentsatz** wird berechnet: kürzer:

$$\frac{\text{Prozentwert (W)} \cdot 100}{\text{Grundwert}} = \text{Prozentsatz} \qquad p = \frac{W \cdot 100}{G}$$

Rechenverfahren mit **Formel**:   Rechenverfahren mit **Dreisatz**:

$p = \dfrac{W \cdot 100}{G}$ 240 € ≙ 100 %

$= \dfrac{36 \cdot 100}{240}$ 1 € ≙ $\dfrac{100\,\%}{240}$

$= 15$ 36 € ≙ $\dfrac{100 \cdot 36}{240}$

36 € von 240 € = 15 %   36 € ≙ 15 %

Löse die Aufgaben im Matheheft.

1. Berechne den Prozentsatz

W	36	22	6	45	5	16
G	72	400	50	360	125	80

2. Wie viel Prozent sind ...

a) 12 € von 240 €? b) 6 m von 300 m?
c) 80 l von 240 l? d) 12 kg von 300 kg?

3. Herr Meiser kauft einen neuen Wagen, der 16 500 € kostet.
Er handelt einen Rabatt aus und muss nur noch 15 675 € bezahlen.
Wie viel Prozent Rabatt hat er bekommen?

4. Die Statistik besagt, dass im letzten Jahr von 1000 Firmen 375
ihren Betrieb schließen mussten. Wie hoch ist der Prozentsatz?

5. Der Schulzahnarzt stellte bei der letzten Untersuchung fest, dass von
den 498 Schülern der Schule 124 Schüler schlechte Zähne haben.
Wie viel Prozent der Schüler sind das?

6. In einer Schulklasse sind 32 SchülerInnen. Davon sind 14 Mädchen und 18 Jungen.
a) Berechne den Prozentsatz für die Anzahl der Mädchen und der Jungen.
b) Berechne den Prozentsatz für Mädchen und Jungen, wenn 1 Schüler und
1 Schülerin umziehen.

7. In der Silvesternacht kontrolliert eine Polizeistreife 260 PKW.
65 Fahrer mussten sich einer Blutprobe wegen des Verdachts auf
Trunkenheit unterziehen. Berechne den Prozentsatz der Fahrer,
die sich einer Blutprobe unterziehen mussten.

Grundwert

10 Mädchen	sind 40% von	wie vielen Schülern?
Prozentwert	*Prozentsatz*	*Grundwert*

Der **Gundwert** wird berechnet: kürzer:

$$\frac{\text{Prozentwert (W)} \cdot 100}{\text{Prozentsatz (p)}} = \text{Grundwert (G)} \qquad G = \frac{W \cdot 100}{p}$$

Rechenverfahren mit **Formel**:   Rechenverfahren mit **Dreisatz**:

$G = \frac{W \cdot 100}{p}$

$= \frac{10 \cdot 100}{40}$

$= 25$

Der Grundwert beträgt 25.

40% ≙ 10

1% ≙ $\frac{10}{40}$

100% ≙ $\frac{10 \cdot 100}{40}$

100% ≙ 25

Löse die Aufgaben im Matheheft.

1. Berechne den Grundwert.

W	96	156	351	114	778	71,25	1235	1,5	6,75
p	6	12	27	76	38,9	28,5	95	0,25	7,5

2. Berechne die Grundwerte.

   a) W = 300   p% = 40%   p% = 15%   p% = 30%   p% = 20%   p% = 10%
   b) W = 150   p% = 20%   p% = 15%   p% = 50%   p% = 1,5%   p% = 5,5%
   c) W = 200   p% = 3,9%   p% = 4,5%   p% = 35%   p% = 65,1%   p% = 98,9%

3. Familie Neuhaus muss mehr Miete zahlen. Die Erhöhung beträgt 5%.
   Das macht einen Mehrbetrag von 42 € aus.
   a) Wie hoch ist die neue Miete?
   b) Wie hoch war die Miete vor der Erhöhung?

4. Herr Maurer legt jeden Monat 375 € auf ein Sparbuch.
   Das sind 15% seines Gehaltes. Wie viel verdient Herr Maurer monatlich?

5. Ein Kaufhaus wirbt mit Sonderangeboten. Das Plakat weist die Ersparnisse
   bei verschiedenen Artikeln aus. Berechne die Preise.

Artikel	Ersparnis %	Ersparnis €	Artikel	Ersparnis %	Ersparnis €
Staubsauger	15%	45	Kochtopf-Set	12%	54
Damenanzug	30%	225	Kinderbett	12%	36
Schrank	20%	250	Sofa	25%	450

Prozentrechnung im Alltag

Prozentangaben helfen, Anteile miteinander zu vergleichen.
Deshalb findet und braucht man sie **überall im Alltag**.
Hier einige Beispiele:
Preisnachlässe (Rabatte), Fruchtgehalt in Fruchtsäften,
Fettanteil in Lebensmitteln, Anteil bestimmter Fasern in der
Kleidung (Wäscheetiketten), Ergebnisse aus Umfragen, ...

Löse die Aufgaben im Matheheft oder auf dem Blatt.

1. Ein Kaufhaus berechnet für einige Artikel den Gewinn oder Verlust.

Einkaufspreis (€)	350	1500	220		800		998	78,30
Verkaufspreis (€)	450		270			456	1298	
Gewinn/Verlust (€)		–120		+50	+150	–26		
Gewinn/Verlust (%)			+15					+25,22

2. Ein Autohaus verkauft einen Neuwagen für 15500 €.
    a) Das Autohaus verdient 1240 € an dem Wagen. Berechne den Prozentsatz.
    b) Der Käufer muss auf den Kaufpreis noch 19% Mehrwertsteuer bezahlen.
       Wie viel € beträgt die Mehrwertsteuer?
    c) Berechne den Gesamtbetrag, den der Käufer zahlen muss.

3. Familie Hauser möchte ein Haus kaufen. Sie holt Angebote bei
   verschiedenen Maklern ein. Welches Angebot ist das günstigste?
    a) Angebot 1:   250000 € 19% Mehrwertsteuer und Maklergebühr nicht eingerechnet.
    b) Angebot 2:   290000 € inklusive Mehrwertsteuer, 3% Maklergebühr nicht eingerechnet.
    c) Angebot 3:   298000 € inklusive Mehrwertsteuer und 3% Maklergebühr.

4. Eine Realschule hat 520 SchülerInnen. Davon sind 285 Mädchen und 235 Jungen.
    a) Berechne den Prozentsatz für die Mädchen und die Jungen an der gesamten Schülerschaft.
    b) Von der gesamten Schülerschaft sind 125 Schüler ausländischer Herkunft.
       Berechne den Prozentsatz.
    c) Am Ende des Schuljahres verlassen 15% der Schüler die Schule.
       Berechne die Anzahl der Schulabgänger.
    d) Die Schule bekommt nach den Sommerferien 88 Schüler dazu.
       Berechne den Prozentsatz an der gesamten Schülerschaft vor den Sommerferien.

5. Die Jahresabrechnung weist bei einer Familie einen Wasserverbrauch von
   144 m³ aus. 5% davon nutzten sie als Trinkwasser. Der Rest ist Brauchwasser.
    a) Wie viel m³ Trinkwasser sind im Jahresverbrauch enthalten?
    b) Wie viel m³ Brauchwasser sind im Jahresverbrauch enthalten?

6. Beim Braten verliert Frischfleisch bis zu 15% seines Gewichts. Ein Partyservice
   kauft 40 kg Frischfleisch. Für ein kaltes Buffet werden 35 kg Braten benötigt.
   Hat der Partyservice genügend Frischfleisch gekauft?

Flussdiagramm

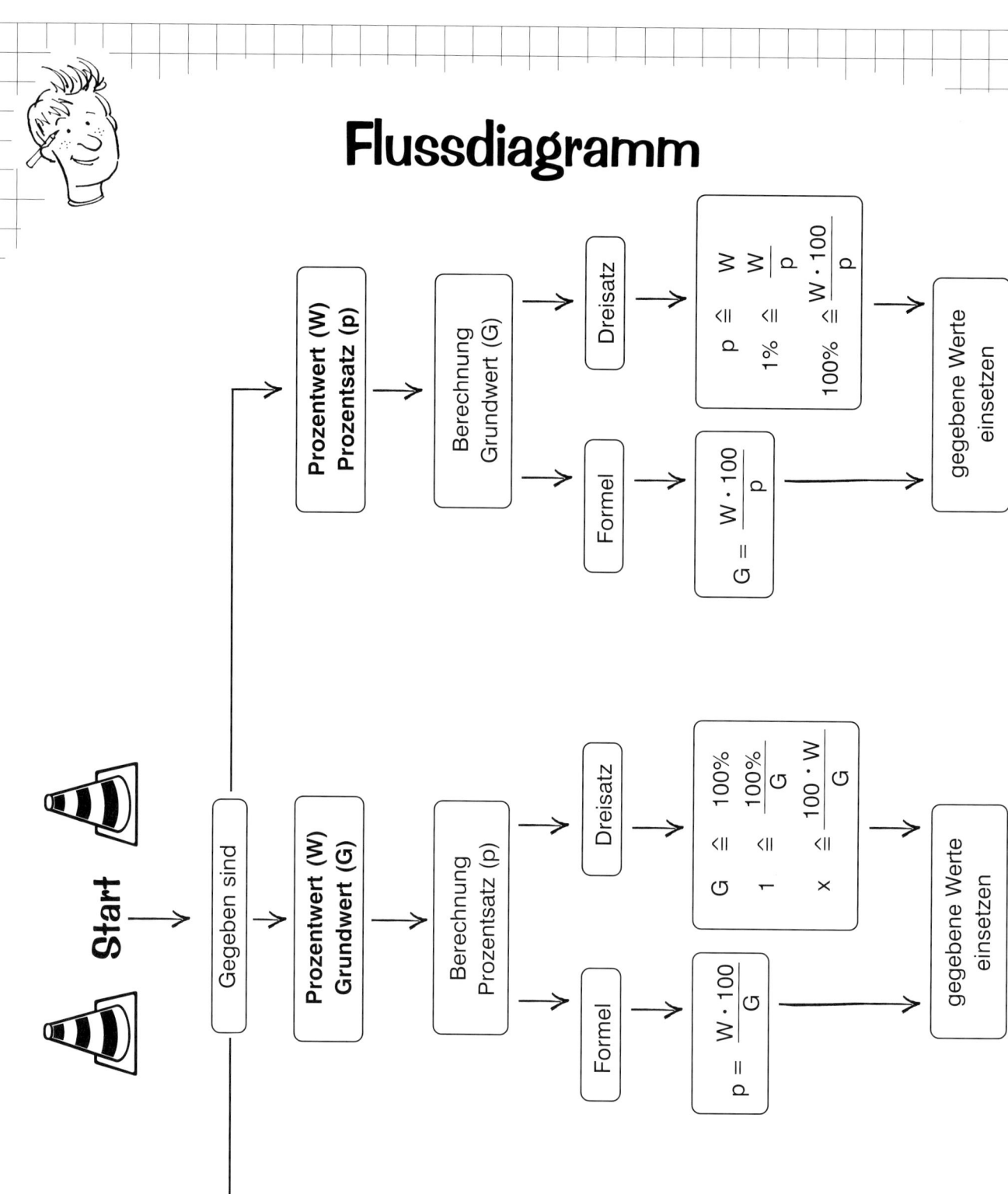

Zinsrechnung

Was ist Zinsrechnung?

Zins ist eine Sonderabteilung der Prozentrechnung. Der Begriff „Zins" stammt aus dem Lateinischen und bedeutet *Abgabe*.
Wer sein Geld verleiht, erhält dafür als Leihgebühr die Zinsen. Wenn du z.B. Geld bei einer Bank anlegst, dann „leihst" du es der Bank und erhältst dafür **Sparzinsen**. Umgekehrt musst du **Kreditzinsen** an die Bank zahlen, wenn du einen Kredit aufnimmst und dir Geld von der Bank leihst. Zins ist also der Preis für geliehenes Geld über einen vorher bestimmten oder unbestimmten Zeitraum.

Wie hoch die Zinsen sind, hängt ab:
1. Von dem verliehenen Geldbetrag. Das ist **das Kapital**.
2. Von dem Zeitraum, für den das Geld verliehen wird. Das ist **die Laufzeit**.
3. Von dem Prozentsatz, der festlegt, wie viel Prozent des Kapitals pro Jahr die Zinsen betragen. Das ist **der Zinssatz**.

Bei der Zinsrechnung wird die Prozentrechnung angewendet.

Wozu brauchst du die Zinsrechnung im Alltag?

Für dein Sparguthaben von 300 € bekommst du bei der Bank Zinsen. Die Bank gibt dir 2% Zinsen auf deinen ersparten Betrag. Du rechnest 2% von deinen 300 € und addierst das Ergebnis zu deinem Sparguthaben. Dann weißt du, welchen Betrag du am Ende eines Jahres auf deinem Sparkonto hast. Wenn du dir die Zinsen nicht ausbezahlen lässt, sondern zusammen mit dem ursprünglichen Sparguthaben erneut anlegst, werden sie wieder verzinst. Nach dem 2. Jahr erhältst du *Zinseszinsen*, also Zinsen vom Sparguthaben *und* den Zinsen aus dem 1. Jahr.

Deine Eltern wollen ein Haus bauen und nehmen ein Darlehen von 50000 € bei der Bank auf. Die Bank fordert 9% Zinsen für das Darlehen. Deine Eltern rechnen 9% von 50000 € und addieren das Ergebnis zu dem Darlehen. Dann wissen sie, wie hoch die Rückzahlung insgesamt ist.

2%	von	1000 €	=	20 €
Zinssatz p		**Kapital**		**Jahreszinsen**

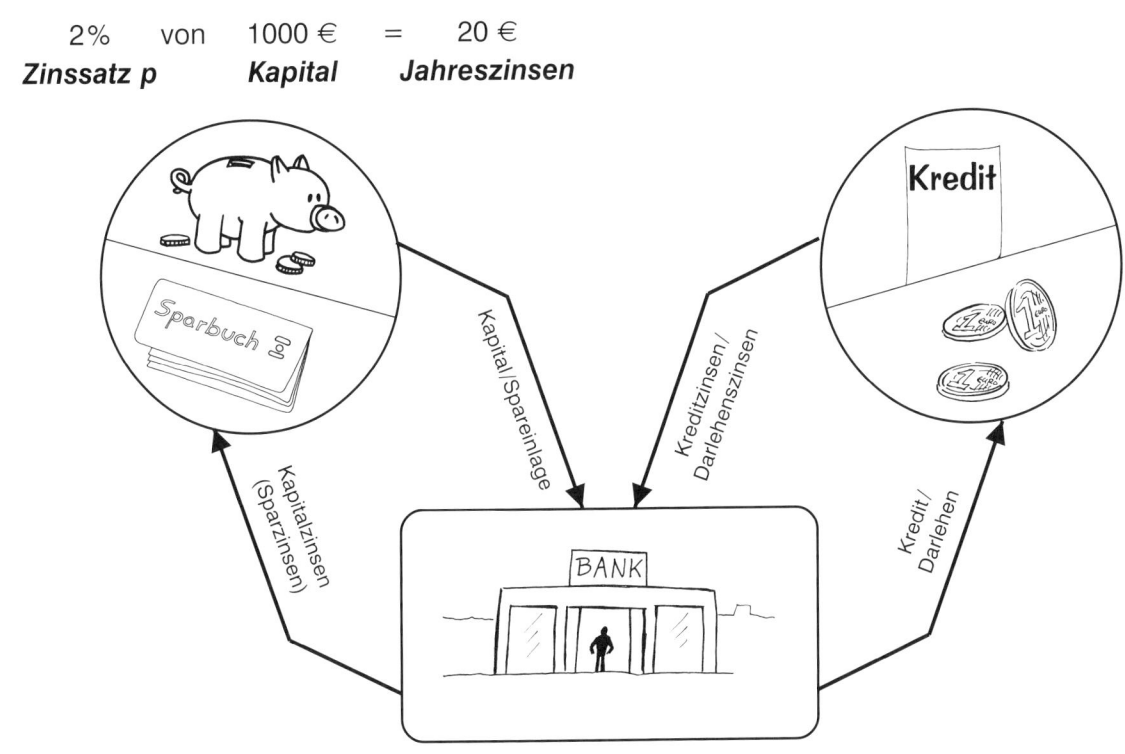

Zinsen

Da bei der Zinsrechnung die Prozentrechnung angewendet wird, findet man darin auch **Begriffe** und **Formeln** aus der **Prozentrechnung** wieder.
Statt der Formeln kann man auch den Dreisatz, wie bei der Prozentrechnung, anwenden.

Prozentrechnung

$G = \dfrac{W \cdot 100}{p}$ Berechnung des **Kapitals (K)**

$W = \dfrac{G \cdot p}{100}$ Berechnung der **Zinsen (Z)**

$p = \dfrac{W \cdot 100}{G}$ Berechnung des **Zinssatzes (p)**

Zinsrechnung

$K = \dfrac{Z \cdot 100}{p}$

$Z = \dfrac{K \cdot p}{100}$

$p = \dfrac{Z \cdot 100}{K}$

Zur Erinnerung:
G = Grundwert
W = Prozentwert
p = Prozentsatz

Die Formel $Z = \dfrac{K \cdot p}{100}$ ist für uns Kapitalanleger die wichtigste von allen. Damit kannst du berechnen, wie viel Zinsen du am Ende des Jahres ausbezahlt bekommst, wenn du Geld bei einer Bank anlegst.

Löse im Matheheft.

1. Berechne die Zinsen.

K (€)	230	1020	950	1000	2000	545	400	580	800	996
p%	14	14,8	6,8	17	12	40	4	2,5	3,25	3,5

2. Frau Reiser hat 3 500 € auf ihrem Sparbuch. Von der Bank bekommt sie einen Zinssatz von 3,5%.
   a) Wie viel Zinsen erhält Frau Reiser am Ende des Jahres gutgeschrieben?
   b) Wie hoch ist der Betrag dann insgesamt auf ihrem Sparbuch?

3. Wie viel Zinsen erhält man für ein Spargutthaben von 25300 € bei einem Zinssatz von
   a) 2% **b)** 3% **c)** 2,5% **d)** 4% **e)** 4,3% **f)** 5%?

4. Eine Firma benötigt ein Darlehen von 240 000 €. Sie holt verschiedene Angebote bei Banken und Sparkassen ein.
   Angebot 1: 240 000 € zu 6,5%,
   Angebot 2: 100 000 € zu 4,5% und 140 000 € zu 5,5%,
   Angebot 3: 200 000 € zu 6% und 40 000 € zu 4%.
   Welches Angebot ist das günstigste?

5. Herr Lehmann hat in einer Lotterie 500 000 € gewonnen.
   Er legt das Geld zu einem Zinssatz von 5,4% an.
   a) Wie viel Zinsen erhält Herr Lehmann nach einem Jahr gutgeschrieben?
   b) Kann er davon monatlich 2000 € für seinen Lebensunterhalt abheben?

Zinssatz

Löse die Aufgaben im Matheheft.

1. Kathrin bekommt für ein Kapital von 1500 € nach einem Jahr 45 € an Zinsen. Ihre Freundin Svenja erhält für ein Kapital von 1400 € im gleichen Zeitraum 49 € Zinsen. Wer erhält den höheren Zinssatz?

   Kennst du noch die Formel? Falls nicht, hier noch einmal zur Erinnerung:
   $$p = \frac{Z \cdot 100}{K}$$

2. Frau Heister hat bei einer Bank ein Darlehen von 12500 € für die Neuanschaffung eines Wagens erhalten. Nach einem Jahr zahlt sie 13562,50 € zurück.
   a) Wie viel Zinsen musste sie für das Darlehen bezahlen?
   b) Wie hoch war der Zinssatz für das eine Jahr?

3. Berechne den Zinssatz.

K (€)	2700	850	216	780	800	3200	900	75,50	1300	450
Z (€)	108	55,25	17,28	35	60	288	22	2,50	52	11,25

4. Herr Simm leiht sich für ein Jahr 15000 € von der Bank. Er holt von zwei Banken Angebote ein. **Angebot 1:** Rückzahlung des Darlehens und 1800 € Zinsen bei einer Bearbeitungsgebühr von 300 €. **Angebot 2:** Rückzahlung des Darlehens und 1650 € Zinsen bei einer Bearbeitungsgebühr von 450 €.
   a) Wie hoch ist der Zinssatz für die Darlehen?
   b) Wie viel Prozent macht die Bearbeitungsgebühr aus?
   c) Welches Angebot ist günstiger?

5. Auf ein Sparbuch werden im 1. Jahr 500 € eingezahlt. Die Zinsen betragen am Ende des Jahres 12,50 €.
   a) Wie hoch ist der Zinssatz?
   b) Wie viel € befinden sich insgesamt am Ende des Jahres auf dem Sparbuch?

   Im 2. Jahr werden 450 € eingezahlt. Ende des Jahres betragen die Zinsen 28,87 €.
   c) Wie hoch war der Zinssatz?
   d) Wie viel € befinden sich am Ende des 2. Jahres auf dem Sparbuch?

6. Auf Tims Sparbuch sind am Jahresanfang 450 €. Er erhält dafür am Jahresende 15,75 € Zinsen. Auf Sebastians Sparbuch sind am Jahresanfang 700 €. Er bekommt am Jahresende 17,50 € Zinsen. Wer hat sein Geld besser angelegt? Berechne und vergleiche die Zinssätze.

7. Claudia spart für den Führerschein. Sie zahlt am 1. Januar 1500 € auf ihr Sparbuch ein. Am Ende des Jahres erhält sie 54 € Zinsen dafür gutgeschrieben. Wie hoch war der Zinssatz?

8. Eine Firma legt 25000 € bei ihrer Bank an. Am Ende des Jahres erhält sie 1750 € Zinsen.
   a) Wie hoch war der Zinssatz?
   b) Wie viel beträgt das Guthaben der Firma?

Kapital 1

Löse die Aufgaben in deinem Matheheft.

Kennst du noch die Formel? Falls nicht, hier noch einmal zur Erinnerung:
$$K = \frac{Z \cdot 100}{p}$$

1. Berechne das Kapital.

Z (€)	24	600	36,90	3,24	82,50	503,12	109,20	54	108	23,40
p %	5	8	9	4,5	5,5	5,75	3,5	4,5	4	3

2. Wie hoch ist das Kapital, wenn es nach einem Jahr
   a) bei 6% 12 € Zinsen   b) bei 7,5% 375 € Zinsen   c) bei 8% 4320 € Zinsen
   d) bei 12% 540 € Zinsen e) bei 3,5% 315 € Zinsen   f) bei 4,75% 3705 € Zinsen bringt?

3. Herr Brill hat sein Geschäft verkauft und legt den Erlös für ein Jahr zu einem Zinssatz von 6,25% bei der Sparkasse an. Dafür erhält er 17500 € Zinsen. Wie hoch war das eingezahlte Kapital?

4. Familie Zuck will das Haus umbauen und renovieren. Sie erhält ein Darlehen von der Bank zu einem Zinssatz von 9,5%. Die Zinsen betragen 14250 €.
   a) Wie hoch war das Darlehen?
   b) Wie hoch darf das Darlehen bei gleichem Zinssatz sein, wenn Familie Zuck nur 13300 € Zinsen zahlen kann?
   c) Der Umbau wird teurer als veranschlagt. Wie hoch muss das Darlehen sein, wenn Familie Zuck bei gleichem Zinssatz 19000 € Zinsen zahlen muss?

5. Katja hat zu Weihnachten und zum Geburtstag Geld geschenkt bekommen. Sie legt den Betrag an, um sich am Ende des Jahres ein Mountainbike kaufen zu können. Die Bank hat einen Zinssatz von 2,5%. Katja erhält 12,50 € Zinsen.
   a) Wie hoch ist der Betrag, den Katja eingezahlt hat?
   b) Wie teuer darf das Mountainbike höchstens sein, das Katja von dem Sparbetrag kaufen möchte?

6. Wie hoch ist das Kapital, wenn bei einem Zinssatz von 5% am Ende des Jahres 35 €, 40 €, 50 €, 56 €, 65,50 €, 32 € und 88,90 € anfallen?

7. Lea, Maria und Markus haben ihr Geld bei drei verschiedenen Banken angelegt. Lea erhält bei einem Zinssatz von 2,4% 19,20 € Zinsen gutgeschrieben. Maria erhält bei einem Zinssatz von 2,5% 18,75 € an Zinsen, und Markus bekommt bei einem Zinssatz von 2,6% 20,80 € Zinsen. Berechne den Betrag, den jeder eingezahlt hat.

8. Frau Ries bezieht eine neue Wohnung. Sie muss 3 Mieten Kaution bezahlen. Der Betrag wird von der Bank des Vermieters mit 1,5% verzinst. Die Zinsen betragen 20,25 €.
   a) Wie hoch war die Kaution?
   b) Wie hoch ist eine Monatsmiete?

Kapital 2

Löse die Aufgaben im Matheheft.

9. Wie hoch ist das Kapital, wenn am Ende des Jahres 120 € Zinsen gezahlt werden und der Zinssatz 3,5%, 4%, 5%, 6,3%, 7% und 9,9% beträgt?

10. Herr Schmolz legt bei der Kapitalbank 5 000 € an. Der Zinssatz beträgt pro Jahr 4,5%. Nach wie vielen Jahren hat sich sein Kapital verdoppelt?

11. Herr Brill hat 6000 € zu einem Zinssatz von 3,5% bei seiner Bank angelegt. Frau Bieger hat ihre 4000 € zu einem Zinssatz von 5% bei einer anderen Bank angelegt.
In welchem Jahr wird Frau Biegers Kapital größer als Herrn Brills Kapital sein?

12. Familie Hoope will 10000 € günstig anlegen. Dazu holt sie Angebote bei zwei Banken ein. Die Bremerbank gibt Hoopes für 6 Jahre 5% Zinsen. Die Baderbank gibt Hoopes 5 Jahre lang 6% Zinsen. Für welches Angebot wird sich Familie Hoope entscheiden?

13. Frau Miese will 7500 € für 10 Jahre auf ein Sparkonto legen. Die Bank bietet im 1. Jahr dafür 3,5% Zinsen, im 2. Jahr 4% Zinsen, im 3. Jahr 5% Zinsen und ab dem 4. Jahr jedes Jahr 6% Zinsen. Wie viel Kapital erhält Frau Miese nach 10 Jahren ausbezahlt?

14. Herr und Frau Peters sparen für eine große Reise, die 25000 € kosten wird. Aus einer Versicherung bekommen sie 9000 € ausbezahlt. Diesen Betrag wollen sie anlegen. Die Citbank bietet ihnen für 10 Jahre 7% Zinsen pro Jahr. Die Kassenbank bietet ihnen für 8 Jahre 7,75% Zinsen pro Jahr. Nach wie vielen Jahren können die Peters ihre Reise machen?

Als Lösungshilfe dient hier die Tabelle im Anhang auf Seite 111.

Flussdiagramm

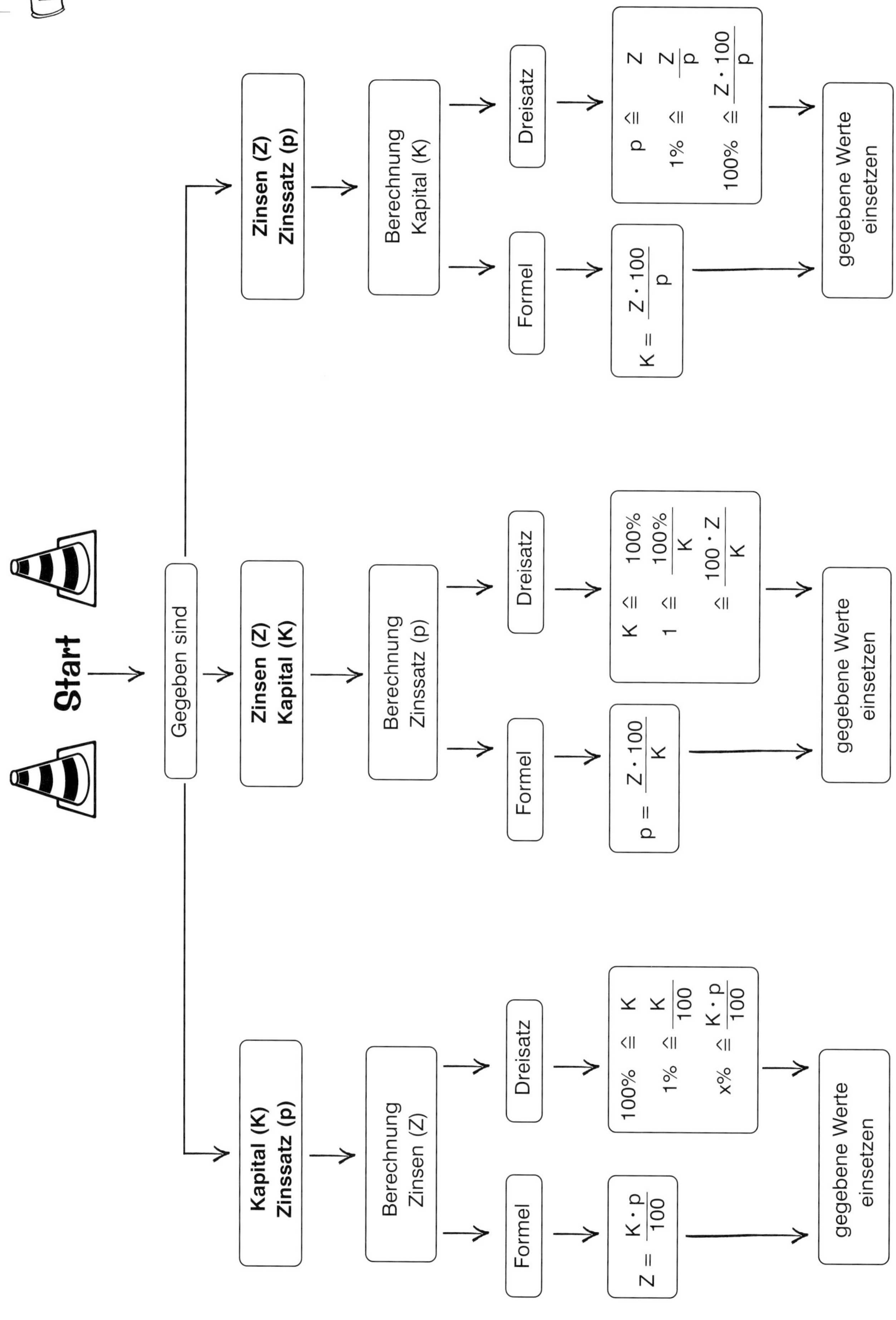

Start → Gegeben sind

Pfad 1: Zinsen (Z), Zinssatz (p) → Berechnung Kapital (K)

- Dreisatz:
  - $p \mathrel{\widehat{=}} Z$
  - $1\% \mathrel{\widehat{=}} \dfrac{Z}{p}$
  - $100\% \mathrel{\widehat{=}} \dfrac{Z \cdot 100}{p}$
- Formel: $K = \dfrac{Z \cdot 100}{p}$

→ gegebene Werte einsetzen

Pfad 2: Zinsen (Z), Kapital (K) → Berechnung Zinssatz (p)

- Dreisatz:
  - $K \mathrel{\widehat{=}} 100\%$
  - $1 \mathrel{\widehat{=}} \dfrac{100\%}{K}$
  - $Z \mathrel{\widehat{=}} \dfrac{100 \cdot Z}{K}$
- Formel: $p = \dfrac{Z \cdot 100}{K}$

→ gegebene Werte einsetzen

Pfad 3: Kapital (K), Zinssatz (p) → Berechnung Zinsen (Z)

- Dreisatz:
  - $100\% \mathrel{\widehat{=}} K$
  - $1\% \mathrel{\widehat{=}} \dfrac{K}{100}$
  - $x\% \mathrel{\widehat{=}} \dfrac{K \cdot p}{100}$
- Formel: $Z = \dfrac{K \cdot p}{100}$

→ gegebene Werte einsetzen

Symmetrie

Was ist Symmetrie?

Symmetrie ist eine Eigenschaft von geometrischen Figuren. Man nennt eine Figur dann symmetrisch, wenn sie so genannte „Kongruenzabbildungen" besitzt, d.h. wenn Teile der Figur sich in ihr wiederholen. Diese Kongruenzabbildungen nennt man dann auch „Symmetrien" der Figur.

Symmetrie begegnet uns nicht nur in der Geometrie, sondern überall im Alltag und in der Natur, z.B.:
- in der **Architektur** (Fenster, Türen oder ganze Gebäude sind symmetrisch aufgebaut),
- in der **Natur** (Schmetterlingsflügel oder auch Blüten und Blätter können symmetrisch sein),
- in der **Kunst** (Ornamente, Tapetenmuster, Kacheln oder auch Bilder bekannter Künstler haben Symmetrieeigenschaften).

Wozu brauchst du Symmetrie im Alltag?

Symmetrieeigenschaften nutzt man meistens dann, wenn man etwas konstruieren, zeichnen oder bauen will. Z.B. müssen Flugzeuge, Schiffsrümpfe und Autokarosserien symmetrisch sein, damit sich diese Fahrzeuge fortbewegen können. Mit unterschiedlich langen Tragflächen würde sich ein Flugzeug beispielsweise gar nicht in der Luft halten können. Aber auch im Haushalt ist Symmetrie allgegenwärtig. Wenn du z.B. in deinem Zimmer an der Wand zwei Lampen anbringen möchtest, die auf gleicher Höhe im gleichen Abstand vom Türrahmen hängen (oder links und rechts einer Kommode), dann nutzt du Symmetrieeigenschaften aus.

Ganz typische Alltagsgegenstände mit Symmetrieeigenschaften sind auch Schulhefte (die Falz in der Mitte ist die Symmetrieachse), Bücher oder auch Glückwunschkarten. Und auch der Scherenschnitt funktioniert nur deshalb, weil die Figuren, die nur halb ausgeschnitten werden müssen, durch die Faltung zur ganzen Figur ergänzt werden.
In der Natur ist die Symmetrie im Allgemeinen nicht ganz hundertprozentig gegeben. Meist haben symmetrisch erscheinende Dinge doch kleine Abweichungen. Z.B. haben beide Schmetterlingsflügel nie ein identisches Muster. Mathematisch streng genommen, sind sie daher nicht symmetrisch.

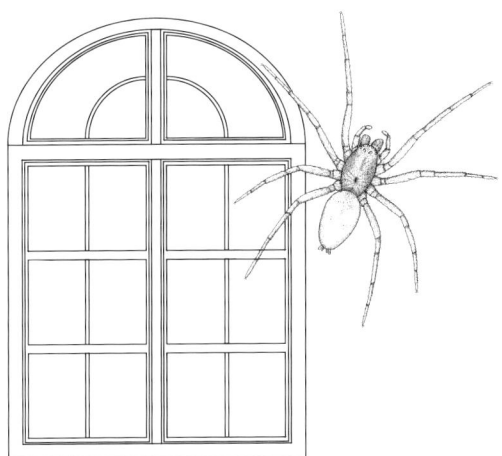

Achsensymmetrie

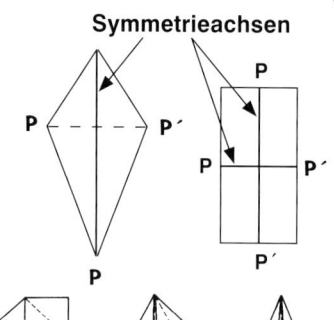
Symmetrieachsen

Punkte, die **denselben Abstand** zur Symmetrieachse haben, liegen **achsensymmetrisch** zueinander. Ihre Verbindungslinie (hier gestrichelt) liegt senkrecht zur Symmetrieachse.

Entstehen beim Falten einer Figur zu beiden Seiten der Faltachse spiegelgleiche Teile, so ist die Figur achsensymmetrisch. Jedem Punkt auf der einen Hälfte entspricht ein Punkt auf der anderen Hälfte.
Die **Faltachse** ist die **Symmetrieachse**.

Faltachse

1. Zeichne alle Symmetrieachsen ein.

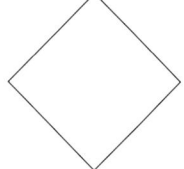 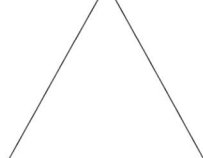 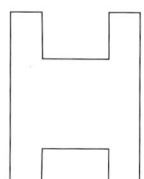 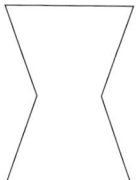

Das ist ein 1a achsensymmetrischer Papierflieger!

2. Zeichne die Figuren in dein Matheheft.
   Zeichne die Spiegelung an der Symmetrieachse.

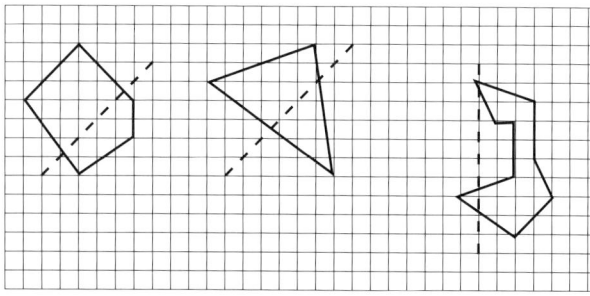

3. Wie viele Symmetrieachsen hat ein/eine
   a) Quadrat   **d)** Raute
   b) Rechteck   **e)** gleichseitiges Fünfeck
   c) Kreis   **f)** gleichseitiges Sechseck

4. Zeichne in dein Matheheft.

   a) Zeichne das Dreieck ABC mit A(2/2), B(6/2) und C(2/6).
   Spiegele es über die Geraden AB, BC und AC.
   b) Zeichne das Quadrat ABCD mit A(−1/−1), B(−1/3), C(−5/3) und D(−5/−1).
   Spiegele es über die Geraden AB, BC, CD und AD.

5. Löse die Aufgabe zeichnerisch.

   Auf einem Billardtisch liegen eine weiße und eine schwarze Kugel. Welche Punkte muss die weiße Kugel an der Bande berühren, um die schwarze zu treffen?

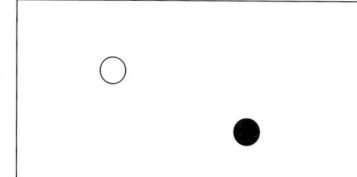

6. Unterstreiche die hier aufgeführten Buchstaben, die achsensymmetrisch sind.

A, B, C, D, E, F, G, H, I, J, K, L, M, N, O, P, Q, R, S, T, U, V, W, X, Y, Z

Punktsymmetrie

Lösung auf Seite 108

In einer **punktsymmetrischen** Figur liegen der **Symmetriepunkt** und der zugehörige **gespiegelte Punkt** (Bildpunkt) auf einer Geraden. Der **Symmetriepunkt** und der **Bildpunkt** liegen gleich weit vom **Symmetriezentrum Z** entfernt. Dreht man die punktsymmetrische Figur im Symmetriezentrum Z um 180°, so wird sie auf sich selbst abgebildet.

Zeichne die Gerade AZ. Trage auf ihr von Z aus die Länge der Strecke $\overline{AZ}$ ab.
Zeichne den Bildpunkt A' an den Endpunkt.
Zeichne die Gerade BZ. Trage auf ihr von Z aus die Länge der Strecke $\overline{BZ}$ ab.
Zeichne den Bildpunkt B' an den Endpunkt.
Zeichne die Gerade CZ. Trage auf ihr von Z aus die Länge der Strecke $\overline{CZ}$ ab. Zeichne den Bildpunkt C' an den Endpunkt.
Verbinde die Punkte ABC. Verbinde die Punkte A' B' C'.

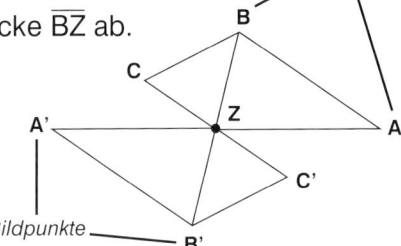

1. Zeichne die Symmetriepunkte ein.
   Welche der Dreiecke sind punktsymmetrisch zueinander?

   a)    b)    c)    d)    e)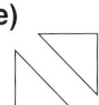

2. Zeichne ins Heft. Zeichne die Dreiecke ABC in Koordinatensysteme.
   Spiegele sie am Symmetriezentrum Z.

Aufgabe	Punkt A	Punkt B	Punkt C	Symmetriezentrum Z
a)	(3/1)	(6/1)	(4/5)	(8/4)
b)	(1/1)	(4/3)	(1/7)	(6/8)
c)	(4/2)	(8/0)	(8/4)	(10/8)
d)	(−4/2)	(−8/1)	(−2/6)	(−5/7)
e)	(−3/−3)	(−5/−5)	(−7/−2)	(−8/−4)
f)	(4/−3)	(8/−4)	(2/−6)	(6/−7)

Welche großen Druckbuchstaben im Alphabet sind punktsymmetrisch? Findest du's heraus? Zeichne die Symmetriepunkte ein.

3. Welche Figuren sind punktsymmetrisch?

   a) b) c) d)  e) f)  g)  h) 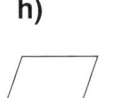 i)  j)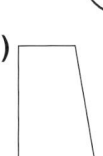

Mittelsenkrechte 1

Die **Mittelsenkrechte** ist die Strecke bzw. Halbgerade, die eine Strecke in **zwei gleiche Hälften** teilt. Deshalb kann die Mittelsenkrechte auch als Symmetrieachse der Strecke bezeichnet werden.
Die Mittelsenkrechte steht **senkrecht** auf der Strecke.

- So wird die Mittelsenkrechte konstruiert:
- Zeichne die Strecke $\overline{AB}$.
- Zeichne um A und B je einen Kreisbogen mit demselben Radius r.
- Verbinde die Schnittpunkte C und D miteinander.
- CD halbiert die Strecke $\overline{AB}$ und ist damit die Mittelsenkrechte der Strecke.

Wenn die Mittelsenkrechte die Symmetrieachse der Strecke ist, muss jeder beliebige Punkt auf dem Streckenabschnitt rechts gleich weit von der Mittelsenkrechten entfernt sein wie sein Bildpunkt auf dem linken Streckenabschnitt. Ist doch logisch – oder?

1. Zeichne ins Matheheft:
Zeichne die Strecken $\overline{AB}$ und zeichne jeweils die Mittelsenkrechte CD ein.

	a)	b)	c)	d)	e)	f)	g)	h)
Länge der Strecke	6 cm	8 cm	9,3 cm	4,7 cm	5 cm	7 cm	7,8 cm	8,5 cm

2. Löse die Aufgabe:
In der Nähe der Dörfer A und B soll ein Wasserwerk errichtet werden, das von beiden Dörfern gleich weit entfernt liegt. Bestimme den Bauplatz.

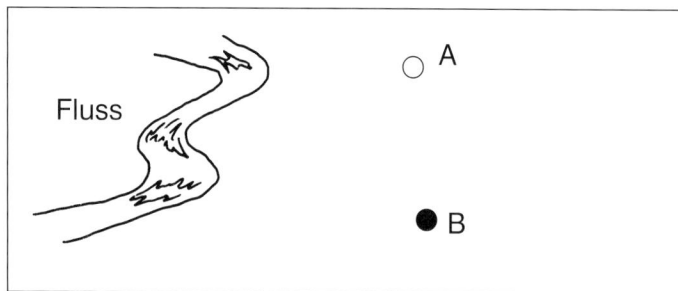

3. Zeichne die Dreiecke ABC in ein Koordinatensystem.
Zeichne die Mittelsenkrechte jeder Dreiecksseite ein. Was fällt auf?

a)   A (–3/1)   B (–2/8)   C (–10/4)
b)   A (5/2)   B (10/1)   C (8/11)
c)   A (3/–4)   B (10/–6)   C (10/–10)

Mittelsenkrechte 2

Lösung auf Seite 108

4. Löse die Aufgabe: Teile die Strecken in 4 gleich große Teile:

Strecke	$\overline{AB}$	$\overline{CD}$	$\overline{EF}$	$\overline{GH}$
Länge	8,4 cm	7,3 cm	9,1 cm	6,9 cm

5. Löse die Aufgabe: Zwei Städte A und B liegen zu beiden Seiten einer Autobahn. Es ist eine Auf- und Abfahrt geplant. Sie soll so gebaut werden, dass beide Städte gleich weit davon entfernt liegen. An welchem Punkt muss der Bau erfolgen?

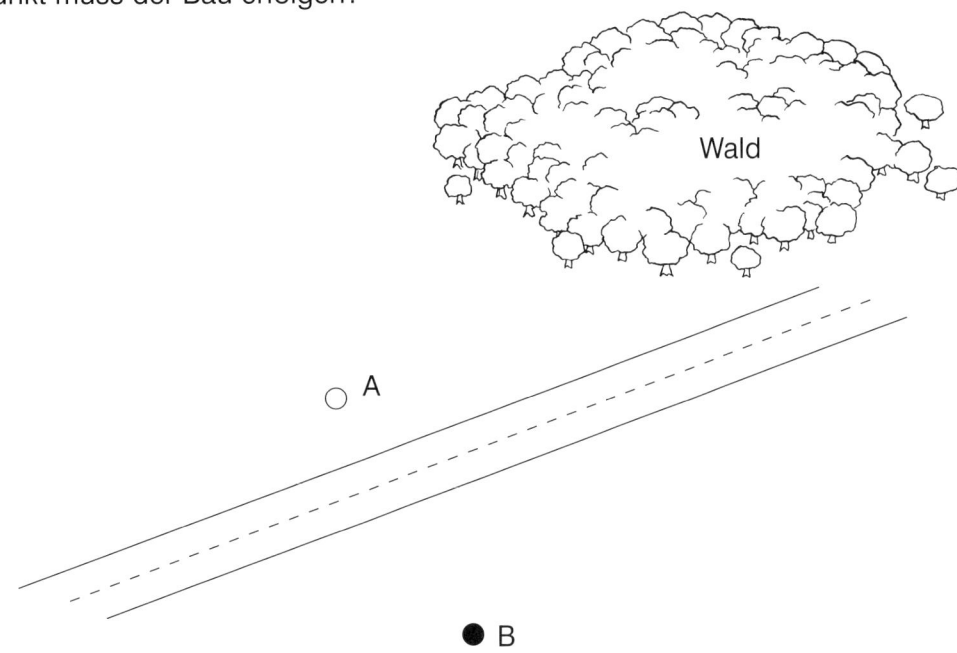

6. Verbinde jeweils zwei Punkte zu einer Strecke und zeichne die Mittelsenkrechten.

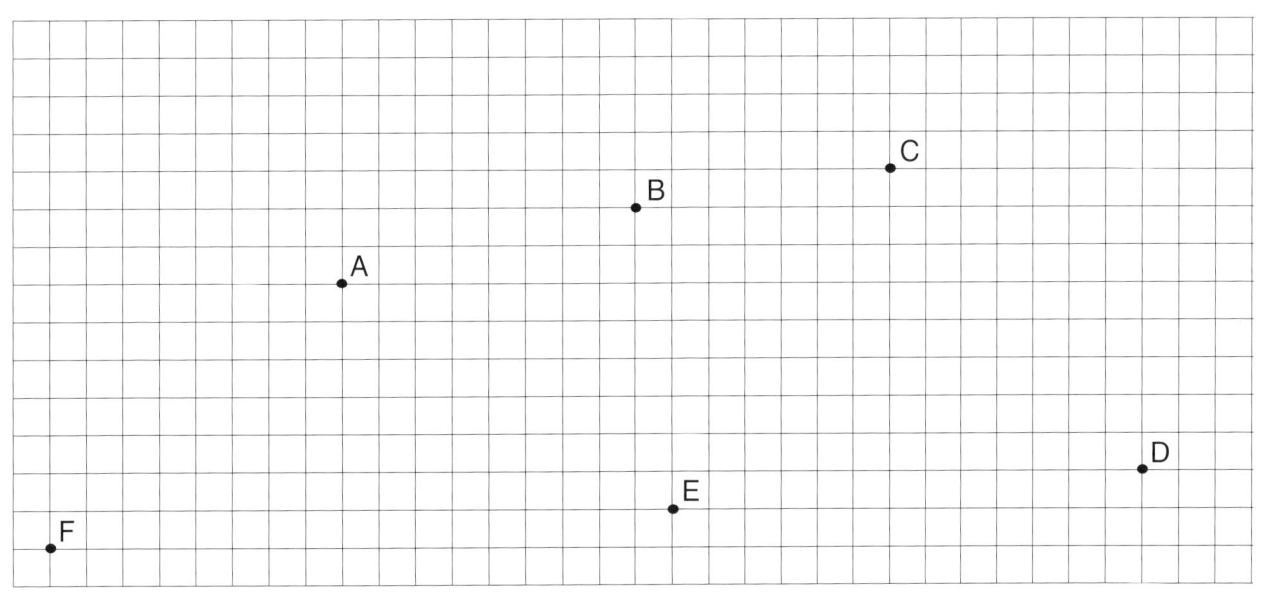

Winkelhalbierende

Die **Winkelhalbierende halbiert** den **Winkel**. Sie ist die Symmetrieachse des Winkels. Jeder Punkt auf der Winkelhalbierenden ist gleich weit von den beiden Schenkeln des Winkels entfernt.

So konstruierst du die Winkelhalbierende:
- Zeichne einen Winkel.
- Zeichne um den Scheitelpunkt S einen Kreisbogen, der die Schenkel in A und B schneidet.
- Zeichne um A und B jeweils einen Kreisbogen mit demselben Radius r.
- Verbinde den Schnittpunkt C mit S.
- SC halbiert den Winkel ASB (∢ ASB) und ist damit die Winkelhalbierende.

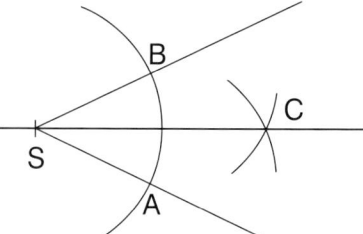

1. Zeichne die Winkel ins Matheheft und konstruiere die Winkelhalbierende.

   a) 50°   b) 75°   c) 34°   d) 45°   e) 67°   f) 85°
   g) 100° h) 130° i) 145° j) 153° k) 125° l) 110°

2. Zeichne die Dreiecke in Koordinatensysteme und konstruiere die Winkelhalbierenden.

   a) A (7/1)   B (2/3)   C (3/7)
   b) A (6/–5)   B (1/–4)   C (5/–8)
   c) A (9/–2)   B (–3/–3) C (4/4)
   d) A (–7/–1) B (–2/–8) C (–3/–3)

3. Teile die Winkel in 4 gleich große Winkel.

   a) 140°   b) 130°   c) 90°   d) 165°

4. Zeichne zwei nebeneinanderliegende Winkel von 110° und 70°, die einen Schenkel und den Scheitelpunkt S gemeinsam haben.
   Konstruiere die Winkelhalbierenden der Winkel. Was fällt auf?

5. Zeichne zwei sich schneidende Geraden.
   Konstruiere die Winkelhalbierenden zu den entstandenen Winkeln.

6. Welche Eigenschaft passt zur Winkelhalbierenden?
   a) Eine Gerade, die den Winkel halbiert.
   b) Eine Gerade, die den Winkel in zwei gleiche Teile teilt.
   c) Eine Gerade, die denselben Abstand zum Scheitelpunkt hat.
   d) Eine Gerade, die denselben Abstand zu den Schenkeln hat.

Winkel

Was sind Winkel?

Ein Winkel entsteht, wenn sich zwei Halbgeraden in einem Punkt treffen. Dadurch schließen die Halbgeraden ein Gebiet ein, das man als Winkel bezeichnet. Die Halbgeraden nennt man Schenkel; den Punkt, in dem sie sich treffen, nennt man Scheitel des Winkels.

Die Größe eines Winkels kann mit dem Winkelmesser (Geodreieck) gemessen werden und wird in Grad angegeben. Sie kann zwischen 0° (sprich: „Null Grad") und 360° (sprich: „dreihundertsechzig Grad") betragen.

Je nach Größe eines Winkels, unterscheidet man zwischen folgenden Winkeln:

- **Nullwinkel** (0°)

- **Spitzem Winkel** (zwischen 0° und 90°)

- **Rechtem Winkel** (90°)

- **Stumpfem Winkel** (zwischen 90° und 180°)

- **Gestrecktem Winkel** (180°)

- **Überstumpfem Winkel** (zwischen 180° und 360°)

- **Vollwinkel** (360°)

Winkel werden mit griechischen Buchstaben bezeichnet.

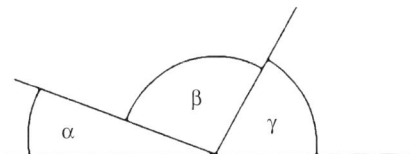

Wozu brauchst du Winkelberechnungen im Alltag?

Winkel kommen überall im Alltag vor. Um ein Haus, eine Straße oder eine Brücke konstruieren zu können, müssen Architekten und Bauingenieure sich mit der Winkelmessung genau auskennen. Moderne Gebäude kommen inzwischen auch ohne rechte Winkel aus, und nicht jedes Haus ist rechteckig gebaut. Gerade deshalb müssen die Bauplaner geometrische Regeln und Gesetze – wie die der Winkelberechnung – sehr gut beherrschen.

Wozu man Winkelberechnungen sonst noch braucht:

Du willst ein Modellhaus für deine Eisenbahnanlage bauen. Du fertigst vorher eine genaue Zeichnung mit Längenmaßen an. Dazu musst du wissen, dass die Wände im Winkel von 90° auf dem Boden stehen müssen, sonst wird das Haus schief. Der Dachfirst des Daches soll einen Winkel von 40° haben. Dann weißt du, dass du die Zeichnung der beiden Dachseiten an den Wänden mit einem Winkel von 160° beginnen musst.

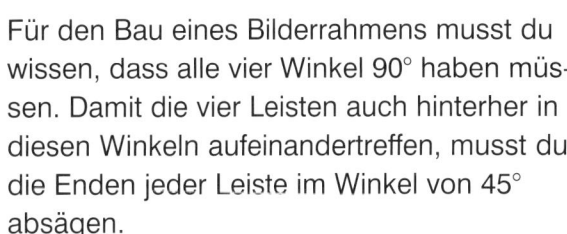

Für den Bau eines Bilderrahmens musst du wissen, dass alle vier Winkel 90° haben müssen. Damit die vier Leisten auch hinterher in diesen Winkeln aufeinandertreffen, musst du die Enden jeder Leiste im Winkel von 45° absägen.

85

Scheitelwinkel, Nebenwinkel

Wenn sich zwei Geraden schneiden, entstehen vier Winkel.
Die zwei sich **gegenüberliegenden Winkel** nennt man **Scheitelwinkel**.
Die beiden **benachbarten Winkel** bezeichnet man als **Nebenwinkel**.
Zwei Scheitelwinkel haben den gleichen Nebenwinkel.

Scheitelwinkelsatz:
Scheitelwinkel sind gleich groß.
Es gilt $\alpha = \alpha'$ und $\beta = \beta'$.

Nebenwinkelsatz:
Nebenwinkel ergänzen sich zu 180°.
Es gilt $\alpha + \beta = 180°$ und $\alpha' + \beta' = 180°$.

Scheitelwinkel müssen gleich groß sein, weil die sich schneidenden Geraden ein gleich großes Gebiet einschließen.

Dass ein Nebenwinkel und ein Scheitelwinkel immer 180° ergeben, ist auch klar. Ein Vollwinkel hat immer 360°. Ein Nebenwinkel plus ein Scheitelwinkel schließen zusammen ein Gebiet ein, das halb so groß ist, also 180°.

Um die Maße der vier Winkel anzugeben, muss nur das Maß eines Winkels bekannt sein. Gegeben ist $\alpha = 27°$. Daraus ergibt sich α' ebenfalls 27°, denn es gilt $\alpha = \alpha'$. Aus $\alpha = 27°$ ergibt sich $\beta = 153°$, denn es gilt $\alpha + \beta = 180°$. Aus $\beta = 153°$ ergibt sich $\beta' = 153°$, denn es gilt $\beta = \beta'$.

1. **Löse die Aufgabe rechnerisch in deinem Matheheft:**
   Wie groß sind die Nebenwinkel, wenn **a)** $\alpha = 36°$; **b)** $\beta = 102°$; **c)** $\beta' = 99°$; **d)** $\alpha = 134°$; **e)** $\alpha' = 89°$ ist?

2. **Löse die Aufgabe rechnerisch in deinem Matheheft:**
   Wie groß sind die drei Winkel, wenn $\alpha = 40°$; $\beta' = 113°$; $\beta = 101°$; $\alpha' = 44°$; $\beta' = 15°$ ist?

3. **Wie groß sind die fehlenden Winkel?**

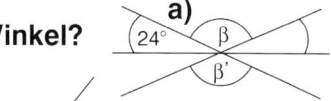
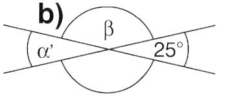
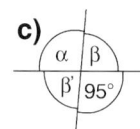
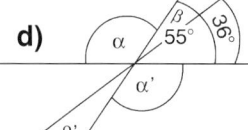
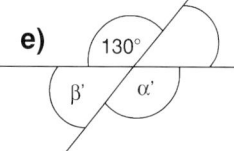
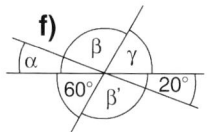
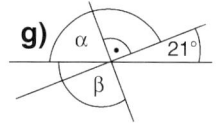

4. **Zeichne zwei sich schneidende Geraden mit folgenden Winkeln ins Heft.**
   a) Der Winkel α soll um 20° größer sein als sein Nebenwinkel β.
   b) Der Winkel β' soll um 30° kleiner sein als sein Nebenwinkel α'.
   c) Der Winkel β soll halb so groß sein wie sein Nebenwinkel α.
   d) Der Winkel α' soll um 10° größer sein als sein Nebenwinkel β'.
   e) Zwei Scheitelwinkel sollen jeweils 45° betragen.

Stufenwinkel, Wechselwinkel

Wenn zwei **parallele Geraden** a und h von einer **Geraden** g geschnitten werden, entstehen an den Schnittpunkten **acht Winkel**: **vier innere** und **vier äußere Winkel**. Die inneren Winkel befinden sich innerhalb des Bereichs, der von a und h eingeschlossen wird. Die äußeren Winkel liegen außerhalb dieses Bereichs.

Einen **inneren** und einen **äußeren Winkel** auf derselben Seite der Geraden g nennt man **Stufenwinkel**.
Zwei innere oder **zwei äußere Winkel** auf verschiedenen Seiten der Geraden g nennt man **Wechselwinkel**.

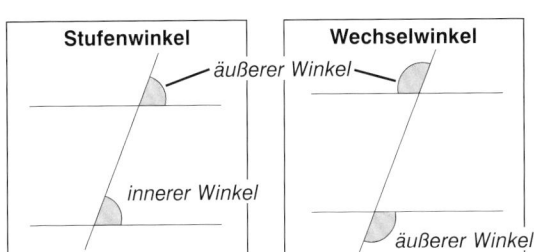

Stufenwinkelsatz:
Stufenwinkel sind an geschnittenen Parallelen gleich groß.

Wechselwinkelsatz:
Wechselwinkel sind an geschnittenen Parallelen gleich groß.

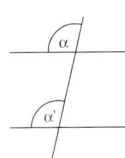 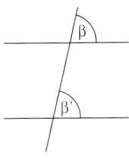
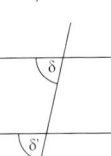

$\alpha = \alpha'$
$\beta = \beta'$
$\gamma = \gamma'$
$\delta = \delta'$

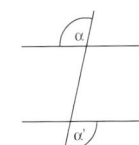 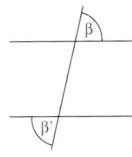
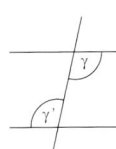 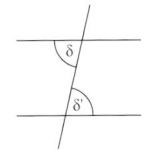

1. Zeichne die Buchstaben ins Heft.
Zeichne alle Stufenwinkel und alle Wechselwinkel ein, die sich innerhalb der Buchstaben befinden.

2. Fülle die Tabelle aus.
Trage ein: ST für Stufenwinkel; W für Wechselwinkel; N für Nebenwinkel; SC für Scheitelwinkel.

Denke an die Stufen einer Treppe.

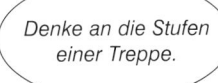

	α1	α2	α3	α4	β1	β2	β3	β4	γ1	γ2	γ3	γ4
α1												
α2												
α3												
α4												
β1												
β2												
β3												
β4												
γ1												
γ2												
γ3												
γ4												

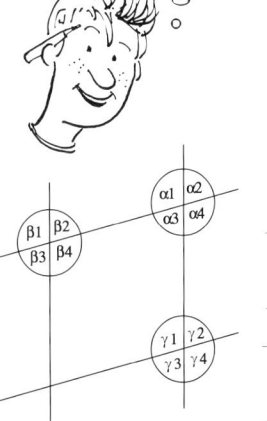

Winkelsumme in Dreiecken

Lösung auf Seite 109

Winkelsummensatz: Die Summe der Innenwinkel eines Dreiecks beträgt 180°.
Es gilt: $\alpha + \beta + \gamma = 180°$

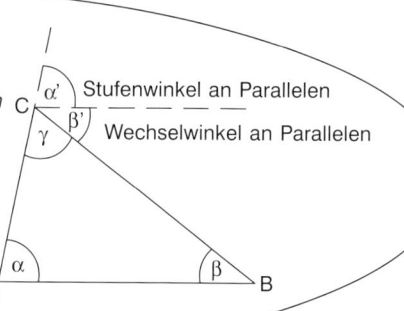

*Der Beweis für den Winkelsummensatz ist eigentlich ganz einfach. Dabei hilft dir das, was du bereits über Stufen- und Wechselwinkel weißt. Wenn man nämlich bei einem Dreieck die Seite AC im Punkt C verlängert und durch den Punkt C eine Parallele zur Seite AB zeichnet, erhält man Stufenwinkel und Wechselwinkel.
Die Winkel α und α' sind als Stufenwinkel gleich.
Die Winkel β und β' sind als Wechselwinkel gleich.
In Punkt C sieht man, dass α, β und γ zusammen 180° ergeben. (Vereinfacht: Wenn du von A über B gehst, hast du eine Drehung von 180° gemacht.)*

In einem Dreieck ABC werden $\alpha = 30°$ und $\beta = 40°$ angegeben.
Die Berechnung lautet: $30° + 40° + \gamma = 180°$
Die Aufgabe wird nach γ umgestellt, da dieser Winkel berechnet werden muss. Die Umstellung lautet: $\gamma = 180° - 30° - 40°$
$\gamma = 110°$

Bei gleichschenkligen Dreiecken sind zwei Winkel gleich groß.
Es gilt: $\alpha = \beta$
$\alpha + \beta + \gamma = \alpha + \alpha + \gamma$
$= 2\cdot\alpha + \gamma = 180°$

Beim gleichseitigen Dreieck sind alle Winkel 60° groß.
Es gilt: $\alpha = \beta = \gamma$
$\alpha + \beta + \gamma = \alpha + \alpha + \alpha$
$= 3\cdot\alpha = 180°$
$\alpha = 60°$

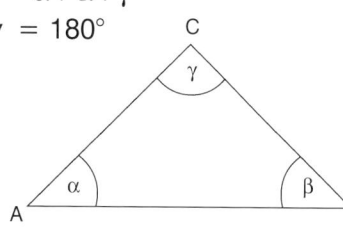

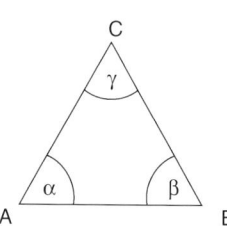

1. Ergänze die fehlenden Angaben.

	a)	b)	c)	d)	e)	f)	g)	h)	i)	j)
α	50°	32°		55°	80°	25°		142°		78°
β	30°		74°	65°		51°	19°		112°	
γ		56°	12°		11°		105°	13°	41°	100°

Löse die Aufgaben in deinem Matheheft.

2. Berechne die beiden fehlenden Winkel in den gleichschenkligen Dreiecken.

a) $\alpha = 35°$ **b)** $\beta = 42°$ **c)** $\beta = 70°$ **d)** $\alpha = 61°$ **e)** $\alpha = 33°$ **f)** $\beta = 25°$

3. Lege eine Tabelle an und trage die Werte ein.
In einem Dreieck ABC ist $\alpha = 40°$ und $\beta = 25°$.
Der Wert des Winkels β vergrößert sich jeweils um 5°.
Wie verändert sich der Winkel γ ?

Winkelsumme in Vierecken

Lösung auf Seite 109

Winkelsummensatz: Die Summe der Innenwinkel eines Vierecks beträgt 360°.
Es gilt: α + β + γ + δ = 360° (Gehe von A über D, C, B wieder nach A zum Ausgangspunkt, alles klar?!)

In einem Viereck $\overline{ABCD}$ werden α = 100°, β = 130° und γ = 70° angegeben.
Die Berechnung lautet: 100° + 130° + 70° + δ = 360°
Die Aufgabe wird nach δ umgestellt, da der Winkel δ berechnet werden muss.
Die Umstellung lautet: δ = 360° − 100° − 130° − 70° = 60°

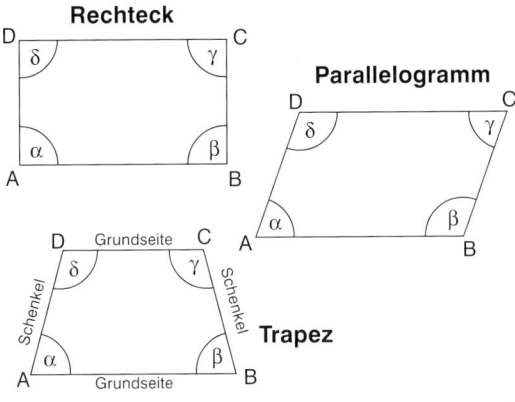

Beim **Rechteck** sind alle vier Winkel gleich groß. Jeder Winkel beträgt 90°.
Beim **Parallelogramm** sind die diagonal gegenüberliegenden Winkel gleich groß.
Beim **gleichschenkligen Trapez** sind die beide Winkel der Grundseiten gleich groß (α = β und γ = δ). Die beiden Winkel an einem Schenkel ergeben 180° (α + δ = 180° und β + γ = 180°).

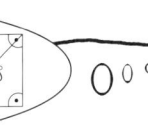
*Winkelsumme beim Dreieck = 180°.
Winkelsumme beim Viereck = 2 · 180° = 360° − Logisch − oder?*

1. Berechne die fehlenden Winkel.

	a)	b)	c)	d)	e)	f)	g)	h)	i)	j)
α	140°	87°		50°	135°		99°	92°	90°	45°
β	50°		72°	124°	110°	89°	189°	58°		45°
γ	90°	120°	166°		35°	91°			90°	145°
δ		66°	90°	150°		90°	29°	101°	90°	

Löse die Aufgaben in deinem Matheheft.

2. Berechne die zwei fehlenden Winkel im gleichschenkligen Trapez.
  a) α = 67°, δ = 113° **b)** β = 52°, γ = 128° **c)** α = 30°, γ = 150° **d)** β = 50°, δ = 130°

3. Konstruiere die Vierecke.
  a) $\overline{AB}$ = 8 cm; $\overline{BC}$ = 5 cm; α = 40°; β = 40°; γ = 140°
  b) $\overline{AB}$ = 7 cm; $\overline{AD}$ = 6 cm; $\overline{CD}$ = 5 cm; α = 60°; γ = 100°; δ = 100°

4. Berechne die fehlenden Winkel.

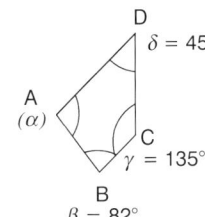
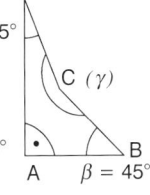
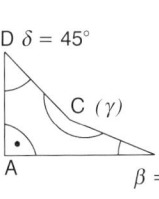
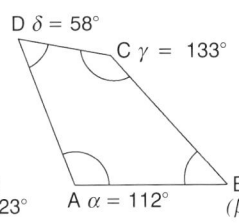

Die Mathe-Merk-Mappe – Klasse 7

Winkelsumme in Vielecken

Winkelsummensatz: Die Winkelsumme im Vieleck mit n Eckpunkten beträgt $(n-2) \cdot 180°$.

Die Formel funktioniert deshalb, weil man jedes Vieleck so in Dreiecke zerlegen kann, dass aus den Innenwinkeln der Dreiecke die Innenwinkel des Vielecks entstehen. Und da die Winkelsumme eines Dreiecks 180° beträgt, muss man bei einem Vieleck nur die Anzahl der in ihm enthaltenen Dreiecke mit der Winkelsumme multiplizieren.

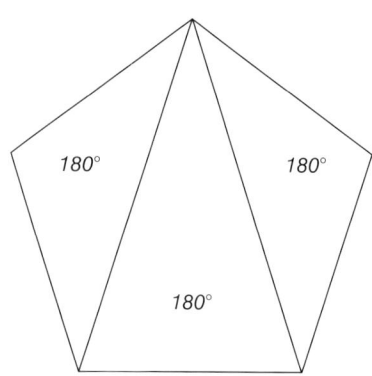

Das „n" steht für beliebig viele Eckpunkte eines Vielecks. Du kannst anhand dieser Formel die Winkelsumme für jedes beliebige Vieleck berechnen.

*Das **Sechseck** hat die Winkelsumme:*
*(**6** – 2) • 180° = 4 • 180° = 720°*
*Das **Fünfeck** hat die Winkelsumme:*
*(**5** – 2) • 180° = 3 • 180° = 540°*
*Das **Achteck** hat die Winkelsumme:*
*(**8** – 2) • 180° = 6 • 180° = 1080°*

Drei Dreiecke im Fünfeck – das macht 3 • 180°.

1. Berechne in deinem Matheheft die Winkelsumme eines regelmäßigen

   a) Siebenecks   **b)** Neunecks   **c)** Zehnecks
   d) Dreißigecks   **e)** Zwölfecks   **f)** Zwanzigecks

2. Berechne den fehlenden Winkel in den Vielecken.

  a) ∢ = 110°   ∢ = 110°   ∢ = 97°   ∢ = 97°   ∢ = ☐
  b) ∢ = 85°   ∢ = 120°   ∢ = 140°   ∢ = 130°   ∢ = 100°   ∢ = ☐
  c) ∢ = 135°   ∢ = 190°   ∢ = 135°   ∢ = 80°   ∢ = 124°   ∢ = 76°   ∢ = ☐
  d) ∢ = 120°   ∢ = 100°   ∢ = 100°   ∢ = 120°   ∢ = 140°   ∢ = ☐

3. Löse die Aufgaben in deinem Matheheft.

  a) Ein Fünfeck hat zwei Winkel von 130° und einen Winkel von 120°.
  b) Ein Sechseck hat zwei Winkel von 110° und zwei Winkel von 130°.
  c) Ein Achteck hat drei Winkel von 147°, zwei Winkel von 138° und einen Winkel von 150°.
  d) Ein Zwölfeck hat vier Winkel von 176°, zwei Winkel von 150°, zwei Winkel von 140° und zwei Winkel von 107°.

4. Um welche Vielecke handelt es sich?

  a) 9 • 180° = 1620°   **b)** 32 • 180° = 5760°
  c) 98 • 180° = 17640°   **d)** 24 • 180° = 4320°

Satz des Thales

Satz des Thales: Wenn man einen beliebigen Punkt C eines Halbkreises mit den Endpunkten A und B des Durchmessers verbindet, erhält man in diesem Punkt einen rechten Winkel. **Alle Winkel**, die man im Halbkreis auf diese Weise konstruiert, sind **rechte Winkel**.

Wenn man den Punkt C auf dem Halbkreis mit dem Mittelpunkt M des Durchmessers verbindet, entstehen zwei gleichschenklige Dreiecke AMC und MBC mit jeweils zwei gleich großen Winkeln: $\alpha = \gamma 1$ und $\beta = \gamma 2$.

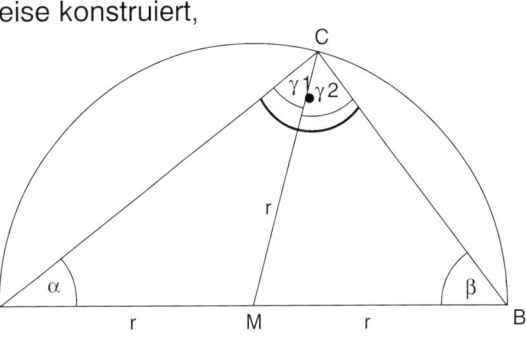

Übrigens: Thales von Milet war ein griechischer Philosoph, Mathematiker und Astronom.

Wie das mit dem Thaleskreis funktioniert, kannst du ganz leicht mit meinem Modell selbst ausprobieren: Schneide aus fester Pappe einen Halbkreis aus und befestige an seinen Endpunkten (A und B) ein Gummiband. Mit einer Reißzwecke kannst du nun das Gummi spannen und an jedem beliebigen Punkt des Halbkreises befestigen.

Konstruktion eines rechtwinkligen Dreiecks:
Gegeben sind: $\overline{AB} = 6$ cm, $\overline{AC} = 4$ cm

1. Zeichne $\overline{AB} = 6$ cm. Lege den Mittelpunkt M fest.
2. Zeichne um M den Thaleskreis mit dem Radius $r = \frac{1}{2}\overline{AB}$.
3. Zeichne um Punkt A einen Kreisbogen mit r = 4 cm, sodass ein Schnittpunkt C mit dem Thaleskreis entsteht.
4. Verbinde den Punkt A mit dem Schnittpunkt C.
5. Verbinde Punkt C mit Punkt B.

1.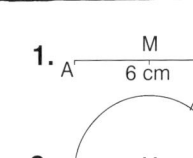
2.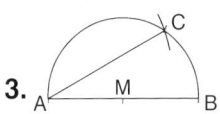
3.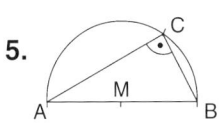
4. + 5.

1. Konstruiere in deinem Matheheft ein rechtwinkliges Dreieck ABC mit Hilfe des Thaleskreises.

 a) $\overline{AB} = 8$ cm, $\overline{AC} = 6$ cm
 b) $\overline{AB} = 10$ cm, $\overline{AC} = 9$ cm

2. Berechne in deinem Matheheft die fehlenden Winkelangaben.

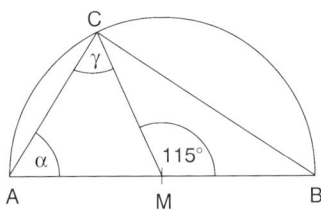 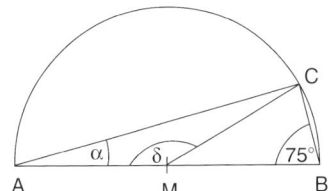 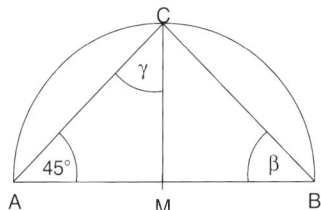

3. Zeichne ein rechtwinkliges Dreieck. Gegeben sind $\overline{AB} = 7$ cm und $\alpha = 80°$.
Zeichne weitere rechtwinklige Dreiecke in die Zeichnung, wobei der Winkel α jeweils um 10° kleiner werden soll. Vergleiche, inwieweit sich die Winkel β und γ verändern.

Kreis und Tangente

Lösung auf Seite 109/110

Die **Tangente** ist eine Gerade, die mit einem Kreis nur einen **einzigen Punkt** gemeinsam hat. Die Tangente steht im **Berührungspunkt B senkrecht** auf dem **Berührungsradius r** des Kreises.

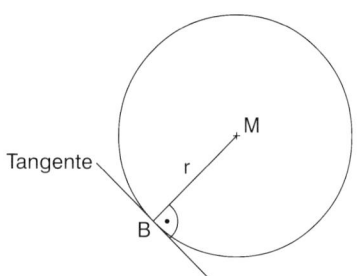

Tangenten kommen bei allen möglichen Kreisbewegungen vor, so z.B. beim Sport, wenn beim Hammer- oder Diskuswerfen der Wurfgegenstand aus einer Drehbewegung herausgeworfen wird. Auch die Funken beim Schleifen mit einer Drehscheibe verhalten sich wie Tangenten zu einem Kreis.

So wird eine Tangente konstruiert:

1. Zeichne einen Kreis um M mit dem Radius r.
2. Zeichne den Berührungsradius MB.
3. Zeichne die Senkrechte zu MB durch B.

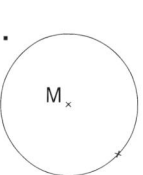

Oder auch so:

1. Zeichne einen Kreis um M mit dem Radius r.
2. Zeichne einen Punkt P außerhalb des Kreises.
3. Verbinde M mit P und zeichne den Thaleskreis über MP. Der Thaleskreis schneidet den Kreis in B.
4. Zeichne PB. Die Gerade PB ist die gesuchte Tangente.

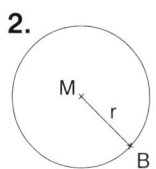
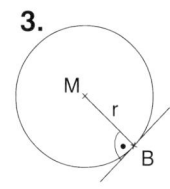

Löse die Aufgaben in deinem Matheheft.

1. Liegt der Punkt P außerhalb des Kreises, ergeben sich zwei Tangenten an den Kreis. Konstruiere die 1. Tangente in Punkt B sowie die 2. Tangente in Punkt B_1 an den Kreis, wobei r = 4 cm sein soll.

2. Zeichne einen Kreis mit beliebigem Radius.
   a) Lege drei Berührungspunkte P, P_1 und P_2 auf dem Kreisbogen fest. Zeichne die Tangenten in jedem Berührungspunkt.
   b) Wie viele Berührungspunkte könntest du auf dem Kreisbogen festlegen?
   c) Wie viele Tangenten könntest du zeichnen?

3. Zeichne die Tangenten in den Berührungspunkten B und B_1.
   a) M (7/5), r = 4 cm, P (2/8)
   b) M (–8/–6), r = 4 cm, P (–4/–6)
   c) M (8/6), r = 3 cm, P (1/4)
   d) M (–8/7), r = 5 cm, P (1/–1)

4. Lege einen Punkt P fest. Zeichne $\overline{PM}$ = 6 cm. Zeichne um M einen Kreis mit r = 2,5 cm. Zeichne beide Tangenten an den Kreis.

Wahrscheinlichkeitsrechnung

Was ist Wahrscheinlichkeitsrechnung?

Die Wahrscheinlichkeitsrechnung beschäftigt sich mit Ereignissen, die sich nicht mit absoluter Sicherheit vorhersagen lassen, weil sie in unregelmäßiger Reihenfolge auftreten. Beim Würfelspiel z.B. lässt sich nicht vorhersagen, welche Augenzahl als Nächstes fällt. Wenn man jedoch sehr oft hintereinander gewürfelt hat, stellt man fest, dass jede Augenzahl etwa gleich häufig vorkommt.
Die Wahrscheinlichkeitsrechnung versucht, solche Beobachtungen logisch zu begründen. Sie stellt anhand dieser Beobachtungen Prognosen auf, wie häufig bestimmte Ereignisse eintreten.

Wenn man beispielsweise wissen will, wie hoch die Wahrscheinlichkeit ist, eine gerade Zahl zu würfeln, muss man zunächst feststellen, welche geraden Zahlen überhaupt gewürfelt werden können. Das sind die Zahlen, 2, 4 und 6 – also 3 Zahlen von insgesamt 6 möglichen Zahlen.

Die Wahrscheinlichkeit, eine gerade Zahl zu würfeln, entspricht dem Verhältnis „Anzahl gerader Zahlen" zu „allen möglichen Zahlen".

Also:

$$\text{Wahrscheinlichkeit} = \frac{\text{Anzahl gerader Zahlen}}{\text{Anzahl aller möglichen Zahlen}}$$

$$= \frac{3}{6} = \frac{1}{2}$$

$$= 50\%$$

Mit anderen Worten: In der Hälfte aller Fälle würfelt man *wahrscheinlich* eine gerade Zahl.

Wozu brauchst du die Wahrscheinlichkeitsrechnung im Alltag?

Du spielst mit Freunden ein Würfelspiel, bei dem dich die 6 ein gutes Stück weiterbringt. Die 6 ist **eine** von insgesamt 6 Zahlen auf dem Würfel. Du wirst sie also mit einer Wahrscheinlichkeit von $\frac{1}{6}$ würfeln. Dabei kannst du natürlich auch gleichzeitig sehen, wie oft du wahrscheinlich eine andere Zahl als die 6 würfeln wirst, nämlich mit einer Wahrscheinlichkeit von $\frac{5}{6}$.

Ein Süßwarenhersteller überprüft stichprobenartig die Füllmenge von Gummibärchen-Tüten. Von hundert überprüften Tüten haben 5 nicht die erforderliche Füllmenge. Anhand dieser 5 Tüten kann die Wahrscheinlichkeit der falsch befüllten Tüten bei der gesamten Produktion ermittelt werden. Dazu setzt der Süßwarenhersteller die falsch befüllten Tüten in Bezug zur Anzahl der insgesamt produzierten Gummibärchen-Tüten: 5 von 100 also $\frac{5}{100}$ enthalten nicht die erforderliche Menge, d.h. 5% der Produktion ist falsch befüllt.

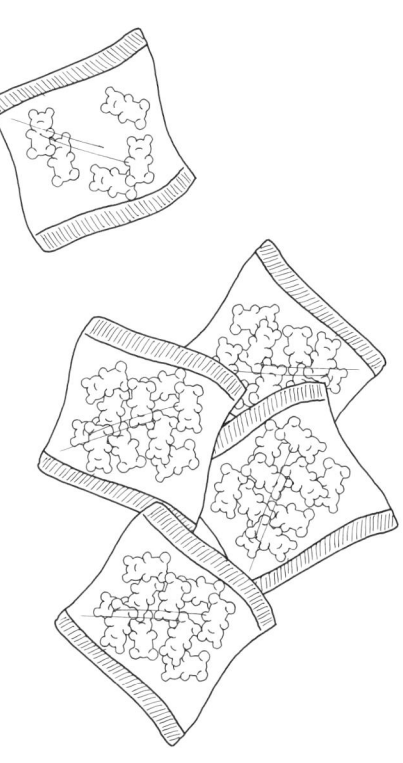

Absolute und relative Häufigkeit

Wenn man wissen will, mit welcher **Wahrscheinlichkeit** ein bestimmtes Ereignis eintrifft, sucht man nach der so genannten **relativen Häufigkeit** dieses Ereignisses.

Dazu benutzt man eine Formel, die sich aus drei Angaben zusammensetzt:
1. **Die absolute Häufigkeit:** Das ist die Häufigkeit, mit der bestimmte Ereignisse eintreten.
2. **Die relative Häufigkeit:** Das ist der Anteil bestimmter Ereignisse an der Gesamtzahl.
3. **Gesamtzahl aller Ereignisse**

Die Formel für die Berechnung der Wahrscheinlichkeit lautet:

Die Gesamtzahl und die absolute Häufigkeit sind messbar. Das sind die Angaben, die du direkt beobachten und zählen kannst.

$$\text{Relative Häufigkeit} = \frac{\text{Absolute Häufigkeit}}{\text{Gesamtzahl}}$$

Hier ein Beispiel: Bei einer einstündigen Verkehrszählung werden 34 Fahrzeuge gezählt. Davon sind 20 PKWs, 6 Busse und 8 LKWs. Es wird eine Strichliste geführt:

Fahrzeuge	Anzahl
PKW	|||| |||| |||| ||||
Busse	||||	
LKW	|||| |||

Die **absolute** Häufigkeit beträgt bei den PKWs 20, bei den Bussen 6 und bei den LKWs 8. Die **Gesamtzahl** beträgt 34.

Gesucht ist die relative Häufigkeit, mit der PKW, Busse oder LKW vorkommen.

PKW: $\frac{20}{34} = 0{,}59$ (59%)   Busse: $\frac{6}{34} = 0{,}18$ (18%)   LKW: $\frac{8}{34} = 0{,}24$ (24%)

Löse die Aufgaben in deinem Matheheft.

1. Der Klassenspiegel zeigt an, wie der letzte Test ausgefallen ist.
   a) Berechne die relative Häufigkeit für jede Note.
   b) Berechne die relative Häufigkeit in Prozent.

Note:	1	2	3	4	5	6
	1	3	6	10	4	2

2. Im letzten Mathetest konnten die Schüler bis zu 40 Punkte erreichen. 30 Schüler haben den Test mitgeschrieben.
   Folgende Punktzahlen wurden erreicht: 13, 18, 9, 40, 39, 12, 6, 12, 18, 32, 14, 8, 25, 13, 28, 12, 20, 18, 32, 9, 15, 40, 16, 15, 7, 14, 18, 20, 26, 35.
   a) Ordne die Zahlen nach der Größe und lege eine Strichliste an.
   b) Berechne die relative Häufigkeit für jede Punktzahl.
   c) Berechne die relative Häufigkeit in Prozent.
   d) Überprüfe die Behauptung, dass 50% der Schüler weniger als 20 Punkte erreicht haben.

Wahrscheinlichkeit

Bei der **Wahrscheinlichkeitsrechnung** wird häufig mit Zufallsversuchen gearbeitet. Ein **Zufallsversuch** ist ein Experiment, das unter **gleichen Bedingungen** wiederholt werden kann, bei dem man aber nicht vorhersagen kann, wie es ausgeht.

Ein Beispiel für ein Zufallsexperiment ist das Würfelspiel: Es können 6 verschiedene Zahlen gewürfelt werden. Man weiß aber nie, welche Zahl gewürfelt wird.

Die nicht vorhersagbaren Ausgänge sind jedoch alle gleich wahrscheinlich. Die Wahrscheinlichkeit, mit der ein bestimmtes Ereignis auftritt, kann man berechnen:

$$\text{Wahrscheinlichkeit} = \frac{\text{Anzahl der für das Ereignis günstigen Ausgänge}}{\text{Anzahl der möglichen Ausgänge}}$$

Ein Beispiel:
Die Scheibe eines Glücksrades ist in 10 Felder eingeteilt und mit den Nummern 1 bis 10 markiert. Wie groß ist die Wahrscheinlichkeit, dass eine gerade Zahl gedreht wird?

Die für das Ereignis günstigen Ausgänge sind die Ergebnisse, die man sich bei dem Experiment erhofft.

Berechnung:
Unter den Zahlen 1 und 10 befinden sich 5 gerade Zahlen: 2, 4, 6, 8, 10. Fünf von 10 Zahlen wären also „günstige Ausgänge".

Die Wahrscheinlichkeit beträgt deshalb: $\frac{5}{10} = \frac{1}{2} = 0{,}5$ (oder 50%).

Löse die Aufgaben in deinem Matheheft.

1. Berechne die Wahrscheinlichkeit bei einmaligem Würfeln mit einem Spielwürfel für die folgenden Zahlen.
    - **a)** eine gerade Zahl
    - **b)** eine ungerade Zahl
    - **c)** eine 4
    - **d)** eine 6
    - **e)** eine Primzahl
    - **f)** eine Zahl größer als 3
    - **g)** eine durch 2 teilbare Zahl
    - **h)** eine Zahl größer als 2.

   Wandle die Brüche in Dezimalzahlen um.

2. In einer Lostrommel befinden sich 1000 Lose. Davon sind 250 Gewinnlose, der Rest sind Nieten. Wie groß ist die Wahrscheinlichkeit, ein Gewinnlos zu ziehen?

3. Aus einem Kartenspiel mit 32 Karten soll eine Karte mit dem König gezogen werden.
    - **a)** Wie hoch ist die Wahrscheinlichkeit, dass ein König gezogen wird?
    - **b)** Wie hoch ist die Wahrscheinlichkeit, dass ein Ass *und* eine Dame *und* ein Bube unmittelbar nacheinander gezogen werden?

4. In einem Behälter befinden sich 9 blaue Kugeln, 6 rote Kugeln und 5 grüne Kugeln. Berechne die Wahrscheinlichkeiten für jede Farbe.

Ereignis und Gegenereignis

Bei **Zufallsexperimenten** bezeichnet man **einen möglichen Ausgang**, den das Experiment haben kann, als **Ereignis**. **Alle anderen Ausgänge**, die auch möglich wären, aber erst einmal nicht vorgekommen sind, nennt man **Gegenereignis**.
Die Addition der Wahrscheinlichkeiten für das Ereignis und der Wahrscheinlichkeiten für das Gegenereignis ergibt immer 1.

Wenn eine gerade Zahl gewürfelt wird, ist das ein Ereignis. Eine ungerade Zahl ist dazu das Gegenereignis. Drei von 6 Zahlen auf dem Würfel sind gerade. Daher beträgt die Wahrscheinlichkeit, eine gerade Zahl zu würfeln $\frac{3}{6} = \frac{1}{2}$. Die Chancen, eine gerade Zahl oder ungerade Zahl zu würfeln, stehen also „fifty-fifty".

Bei fünf weißen und 3 schwarzen Kugeln ist die Wahrscheinlichkeit, eine weiße Kugel zu ziehen, größer. – Ganz einfach, weil es mehr weiße als schwarze Kugeln gibt. Die Wahrscheinlichkeit für eine weiße Kugel liegt bei $\frac{5}{8}$, weil fünf von acht Kugeln weiß sind. Die Wahrscheinlichkeit, eine schwarze Kugel zu ziehen, liegt bei $\frac{3}{8}$, da drei von acht Kugeln schwarz sind.

Ereignis	Gegenereignis	W1	W2	W1 + W2
gerade Zahl	ungerade Zahl	0,5	0,5	0,5 + 0,5 = 1
weiße Kugeln	schwarze Kugeln	$\frac{5}{8}$	$\frac{3}{8}$	$\frac{5}{8} + \frac{3}{8} = 1$

Löse die Aufgaben in deinem Matheheft.

1. In einem Quizspiel befinden sich 500 Fragekarten. 100 Karten enthalten Fragen aus dem Bereich Geschichte, 100 Karten aus dem Bereich Naturwissenschaften und 300 Karten aus dem Bereich Allgemeinwissen. Die Karten sind gemischt.
Berechne die Wahrscheinlichkeit, mit der aus jedem Bereich eine Karte gezogen werden kann.

2. In der U-Bahn werden vom Fahrscheinkontrolleur 100 Fahrgäste kontrolliert.
   a) 3 Schwarzfahrer werden ertappt. Finde das Gegenereignis und berechne die Wahrscheinlichkeit.
   b) Berechne die Wahrscheinlichkeit, dass 5 Schwarzfahrer ertappt werden, die nicht unter den ersten 20 kontrollierten Fahrgästen sind.

Lösungen

Allgemeine Zuordnungen (S. 8)

1.

Anzahl	1	2	3	4	5	6	7	8
Preis (€)	0,21	**0,42**	**0,63**	**0,84**	**1,05**	**1,26**	**1,47**	**1,68**

2. a) 20 l = **20,80 €**; 40 l = **41,60 €**; 60 l = **62,40 €**

b) 10,40 € = **10 l**; 31,20 € = **30 l**; 52,00 € = **50 l**

3.

Gewicht (g)	100	200	300	400	500	600	700	800
Preis (€)	2,00	4,00	6,00	8,00	**10,00**	**12,00**	**14,00**	**16,00**

Proportionale Zuordnungen (S. 9–12)

1.

Weg (km)	2	4	8	10
Preis (€)	6,20	**12,40**	**24,80**	**31,00**

Anzahl	1	2	3	4
Gewicht (kg)	62	**124**	**186**	**248**

2. Diese Größenpaare sind quotientengleich:

Strecke	Preis	Länge	Preis	Weg	Zeit
1 km	2,17 €	1,5 m	75 €	17 m	0,5 h
2 km	4,34 €	4,5 m	225 €	34 m	1,0 h
4 km	8,68 €	3,0 m	150 €	85 m	2,5 h

3. a)

Rechenhefte	3	6	9	12	15
Preis (€)	0,99	1,98	**2,97**	**3,96**	**4,95**

b)

Arbeitsstunden	4	8	16	24	40
Preis pro Stunde (€)	**80**	160	**320**	**480**	**800**

c)

Stoff in m	2	4	8	16	24
Preis (€)	**15,80**	**31,60**	63,20	**126,40**	**189,60**

4.

Stunden (h)	**1**	2	3	4	**5**	6	7	**8**
Arbeitslohn (€)	25	50	**75**	**100**	125	**150**	**175**	200

Gew.(kg)	1	2	4	8	**10**	12	14	16
Preis (€)	2,20	**4,40**	**8,80**	17,60	**22,00**	**26,40**	**30,80**	**35,20**

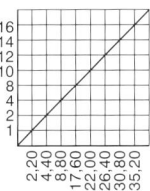

5. a) ja **b)** **8 Stunden** **c)** **48 Stunden**

6. Der Film läuft **160 Minuten**.

7. a) und b) sind proportional zugeordnet.

8. Laut vorgegebener Tabelle: **a)** 3,58 €; 4,10 €; 14,68 €; 34,40 €; 45,50 €; 69,02 €

b) 3,50 DM; 7,00 DM; 70,10 DM; 21,72 DM; 82,55 DM; 95,53 DM

9. a)

Liter	1	3	4	7	9	10	20	30
Preis (€)	**1,04**	**3,12**	**4,16**	**7,28**	**9,36**	10,40	20,80	31,20

b)

Liter	5	8	12	15	17
Preis (€)	**5,20**	**8,32**	**12,48**	**15,60**	**17,68**

c) Lösung auf Grund der verkleinerten Darstellung hier nicht dargestellt.

10. a) großes Rad = 36-mal; kleines Rad = 576-mal
b) kleines Rad = 27-mal

11.

Teppich(m²)	12	**28**	2	18	**36**	9	42
Preis (€)	204,60	477,40	34,10	306,90	613,80	153,45	716,10

12.

X	70	24	32	18	66	8	19	3	17	43
Y	**175**	60	80	45	165	20	47,5	7,5	42,5	107,5
Quotient(X/Y)	2,5	2,5	2,5	2,5	2,5	2,5	2,5	2,5	2,5	2,5

13.

Volumen in cm³	86	93	106	115	79
Gewicht in g	154,8	223,2	254,4	276	142,2
Quotient (cm³/g)	**1,8**	**2,4**	**2,4**	**2,4**	**1,8**

14.

Wohnfläche in m²	120	95	90	75	65	50
Miete in €	1020	807,5	765	**637,5**	**552,5**	425

15.

Fahrstrecke in km	100	**120**	150	**250**	300	380
Verbrauch in l	6,5	7,8	**9,75**	16,25	**19,50**	24,7

16.

Seitenlänge in cm	3	6	9	12	15	18	21	24
Umfang in cm	**12**	**24**	**36**	**48**	**60**	**72**	**84**	**96**
Flächeninhalt (cm²)	9	36	81	**144**	**225**	**324**	**441**	**576**

Zeichnerische Darstellung (S. 13)

1. a) und d) stellen eine proportionale Zuordnung dar.

2.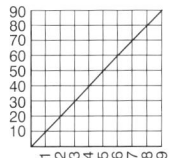

3. a) Fahrzeug X

Zeit	2 h	2,5 h	3 h	3,5 h
km	**200**	**250**	**300**	**350**

Fahrzeug Y

Zeit	2 h	2,5 h	3 h	3,5 h
km	**140**	**175**	**210**	**245**

Lösungen

b)

Weg	100	200	250	400
Y	**1,4 h**	**2,9 h**	**3,6 h**	**5,7 h**
X	**1 h**	**2 h**	**2,5 h**	**4 h**

4.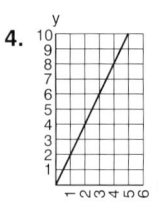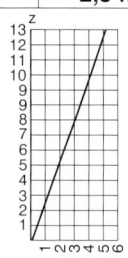

Antiproportionale Zuordnungen (S. 14–16)

1.

Fahrzeit (h)	1	2	4	2,5	8	**10**	5	12,5
(km/h)	100	**50**	**25**	**40**	**12,5**	10	20	**8**

Anzahl Tiere	24	**1**	12	8	4	**2**	3	48
Futtervorrat (d)	6	144	**12**	**18**	**36**	72	**48**	3

2. Diese Größenpaare sind produktgleich:

Anzahl Gew.	Lotto Gew. (€)	Anzahl Maurer	Arbeitsstunden (h)
1	450	2	8
3	150	4	4
9	50	10	1,6
6	75	1	16

Anzahl der Kinder	Bonbons
24	3
12	6
6	12
3	24

3.

a)	12 K	**3 €**	b)	12 LKW	4 h	c)	4 LKW	16 d
	8 K	**4,50 €**		6 LKW	**8 h**		2 LKW	**32 d**
	4 K	**9 €**		3 LKW	**16 h**		3 LKW	**21,$\overline{3}$ d**
	9 K	**4 €**		4 LKW	**12 h**		8 LKW	**8 d**
				2 LKW	**24 h**		10 LKW	**6,4 d**

d)	8 M	40 h	e)	1 M	12 d
	4 M	80 h		3 M	**4 d**
	2 M	160 h		4 M	**3 d**
	1 M	320 h		6 M	**2 d**

4. a)

960 km/h	1080 km/h	840 km/h	720 km/h	600 km/h
12 h	**10,$\overline{6}$ h**	**13,7 h**	**16 h**	**19,2 h**

b)

10 h	9 h	8 h
1152 km/h	**1280 km/h**	**1440 km/h**

5.

Pumpen	8	6	4	2
Minuten	420	**560**	**840**	**1680**

6. **222 Minuten**

7.

1. Größe	24	6	12	4	3	2
2. Größe	10	**40**	**20**	**60**	**80**	120

1. Größe	2,5	15	30	10	5	25
2. Größe	**120**	**20**	10	**30**	**60**	12

Länge (cm)	100	25	5	**10**	1	2	8
Stückzahl	4	**16**	**80**	40	400	**200**	50

Länge (cm)	**16**	80	160	250	20	125
Stückzahl	25	**5**	**2,5**	**1,6**	20	**3,2**

8. Tabellen, die zu den antiproportionalen Zuordnungen gehören:

Anzahl Kinder	12	6	24	72	96
Geldbetrag (€)	36	72	18	6	4,5

Anzahl Pumpen	40	10	5	20	8
Arbeitsstunden (h)	1	4	8	2	5

9. a) Wie lang ist die Schnur? 20 · 3,5 m = **70 m**
   b) Man erhält 70 m : 10 = **7 Stücke**

10. a) Eine Flasche enthält **0,75 l** Bier.
    b) Man kann **6 kleinere Fässer** füllen.

Zeichnerische Darstellung (S. 17/18)

1. b) und c) stellen eine antiproportionale Zuordnung dar.

2.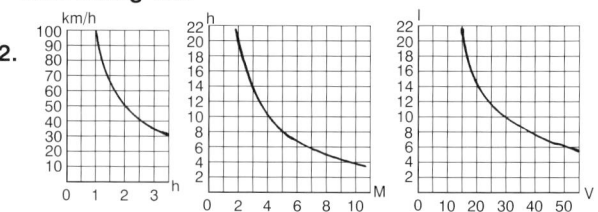

3. a)

LKW	12	6	4	3	2,4	2	1,71	1,5
Arbeit (d)	1	2	3	4	5	6	7	8

b)

LKW	15	10	7,5	6	5	4	3	2
Arbeit (d)	2	3	4	5	6	7,5	10	15

Proportionaler Zweisatz (S. 19)

1. a) 1 Dose ≙ **2 €**   b) 1 kg ≙ **3,5 €**
   c) 1 Stück ≙ **7 €**   d) 100 g ≙ **1,19 €**

2. Der Arbeiter verdient in 8 Stunden **160 €**.

3. 1 Meter Stoff kostet **12,95 €**.

4. Frau Meiser kauft den Strauß in der „Azalea".

5. Das zweite Reisebüro bietet für **47 €** den günstigeren Tagespreis.

6. Fülle die Tabelle mit den richtigen Werten aus.

Gewicht	Preis	Anzahl	Gewicht
10 kg	2,95 €	150	1050 kg
1 kg	0,30 €	1	7 kg

Lösungen

Strecke	Preis	Anzahl	Preis
350 km	437,50 €	500	1125 €
1 km	**1,25 €**	**1**	**2,25 €**

Proportionaler Dreisatz (S. 20)

1. 5 Videokassetten kosten **20 €**.

2. **Ein Farbeimer** reicht für die Wand.

3. **650 g Nüsse** enthalten **52 g Wasser**, **91 g Eiweiß** und **403 g Fett**.

4. a) Der Beitrag für ein Kind beträgt **598 €**.
   b) Die Einnahmen werden **82 524 €** betragen.

5.

inch	1	2	3	4	5	6
cm	**2,54**	**5,08**	**7,62**	**10,16**	**12,7**	**15,24**

inch	7	8	9	10	11	12
cm	**17,78**	**20,32**	**22,86**	**25,4**	**27,94**	**30,48**

6. a) Frau Apsel tankt günstiger an der **Tankstelle B**.
   b) Sie hätte **0,46 €** gespart.

Antiproportionaler Zweisatz (S. 21)

1. a) 1 Kind ≙ 108 Bonbons   b) 1 Pumpe ≙ 98 h
   c) 1 LKW ≙ 80 h   d) 1 Gewinner ≙ 3000 €

2. 1 Bagger würde **120 Stunden** für die Baugrube benötigen.

3. a) Es müssen **1600 Eimer Wasser** hinausgetragen werden.
   b) Es müssen **6400 Eimer Wasser** hinausgetragen werden.

4. Bei 60 km/h würde Familie Schulz **16 Stunden** benötigen.

5. Ein Pferd käme **360 Tage** mit dem Futtervorrat aus.

6.

Länge (m)	Anzahl (Stück)	Anzahl Arbeiter	Arbeits- stunden (h)	Arbeit Tage (d)	Geldbe- trag (€)
20	130	15	12	25	79
1	**2600**	1	**180**	1	**1975**

Antiproportionaler Dreisatz (S. 22/23)

1. a) Der Vorrat reicht für **36 Tage** aus.
   b) Der Vorrat hätte für **20 Tage** ausgereicht.

2. a) Mit 9 Wasserschläuchen kann man das Becken in **90 Minuten** füllen.
   b) Mit 5 Wasserschläuchen kann man das Becken in **162 Minuten** füllen.

3. Das Feld kann in **12 Stunden** abgeerntet werden.

4. Frau Zimmer hätte **20 Stücke** aus der Rolle bekommen.

5. Familie Jung braucht **108 Teppichfliesen**.

6. a) Jede Person muss **12 €** bezahlen.
   b) Jede Person müsste **10 €** bezahlen.

7. a) Er würde **1,5 h** benötigen. } Die Aufgaben 7 und
   b) Er schafft **40 Aufgaben**.   } 8 sind proportionale

8. 1 m³ Steinkohle wiegt **1400 kg**. } Zuordnungen.

9. 15 Personen würden **221 Minuten** benötigen.

Ganze Zahlen (S. 26)

1. a) +7, +5, +3, +1, −1, −3, −5, −7, −9
   b) −1, +2, +5, +8
   c) +10, +6, +2, −2, −6, −10
   d) −9, −6, −3, 0, +3, +6 +9

2. −310; −120; −20; +140; +340
   −4600; −3500; −1800; −500; +1300

3. a) −18, −25, −32, −39   b) −40, −47, −54, −61
   c) −21, −28, −36, −45   d) −20, +17, −25, +22

4. Die Lösung kann auf Grund der Verkleinerung nicht dargestellt werden.

Rationale Zahlen (S. 27)

1. a) **Alle positiven Bruchzahlen** sind rationale Zahlen.
   b) **Alle natürlichen Zahlen** sind rationale Zahlen.

2. a) −14,1; −13,6; −12,5
   b) +25,2; +26,2; +27,3
   c) −3,08; −2,97; −2,87
   d) −21,92; −21,81; −21,72

3. und 4. Die Lösungen können auf Grund der Verkleinerungen nicht dargestellt werden.

Anordnung rationaler Zahlen (S. 28)

1. −28 > −36; +98 > −130; +2,5 > −2,5

2. a) −40,2; −9; −8; −$\frac{1}{10}$; 0; +1; +3,5
   b) −99,9; −99,0; −9; −1,9; +$\frac{1}{9}$; +0,9; +109,9

3. a) −3,26; −3,24   b) −20,4; −20,2
      +12,66; +12,68   +13$\frac{1}{3}$; +14
   c) −$\frac{6}{20}$; −$\frac{4}{20}$ d) −6; −5
      −$\frac{4}{7}$; −$\frac{2}{7}$ +4,4; +4,6

4. −259; −219; −213; −101; −95; −57; −39; 0; 3; 18

5. a) +3 < +10   b)   −6 < −4
       −15 > −51   −38 < +83
      +121 > −112   −108 < +118
     −3495 < −3490   +4581 < +4851

   c) +7 > −5   d)   0 > −5
       −69 > −96   −81 < +18
      +594 > −594   −890 > −891
     +6742 > −6427   −2405 > −2504

Die Mathe-Merk-Mappe – Klasse 7

Lösungen

Betrag und Gegenzahl (S. 29)

1. a) −127 b) +0,25 c) +$\frac{4}{5}$
   +595   −9,02 $\frac{4}{7}$
   d) −12,45 e) +3$\frac{13}{15}$ f) −1,70
   +35,91   −7$\frac{11}{16}$ +9,99

2. a) −5; +5 b) −23; +23 c) −235; +235
   −8; +8   −85; +85   −592; +592
   d) +3501; −3501 e) −14798; +14798
   +6590; −6590   −35771; +35771
   f) −135678; +135678
   −456719; +456719

3.
Zahl	−7,9	+9,34	+6	+0,56	−$\frac{3}{50}$	−$\frac{3}{5}$	+100	−35,8	−0,05
Gegenzahl	+7,9	−9,34	−6	−0,56	+$\frac{3}{50}$	+$\frac{3}{5}$	−100	+35,8	+0,05
Betrag	7,9	9,34	6	0,56	$\frac{3}{50}$	$\frac{3}{5}$	100	35,8	0,05

4. a) |−4,9| < |−4,91| b) |−5,7| = |+5,7|
   c) |−$\frac{1}{3}$| < |−$\frac{1}{2}$| d) |+5| > |−3|

5. a) −5; −3,5; −$\frac{1}{5}$; +1,5; |−2|; +3, |−4,2|; |+5|

6. a) |−67| = |+67| b) |−3,9| < |+5,6|
   |+78| > |−39| |+4,5| > |−4,05|
   c) |−$\frac{2}{7}$| = |+$\frac{4}{14}$| d) |+5,5| = |−5$\frac{1}{2}$|
   |+$\frac{3}{9}$| < |−3,9| |−6$\frac{1}{10}$| < |+10,6|

Zunahme und Abnahme (S. 30)

1. a) +3; +2; +5 b) −2; −6; −3

2. a) +6; +4,4; −$\frac{2}{5}$ b) −19; −24,9; +3$\frac{1}{6}$
   c) +137; +7,9; −1$\frac{29}{40}$ d) −57; −9,4; +2$\frac{3}{10}$

3.
Zahl	−3,9	+41,4	+502	−126,6	+120	−35$\frac{2}{9}$	+349	−59	+6,3
Zunahme/Abnahme	+12	−15,3	−155	+37,8	−60	+22$\frac{1}{9}$	−123	−36	+9,3
Ergebnis	+8,1	+26,1	+347	−88,8	+60	−13$\frac{1}{9}$	+226	−95	+15,6

4. a) +1761 b) −1995 c) +4688
   −1298   +351   −3000

Addition rationaler Zahlen (S. 31/32)

1. a) +69 b) +134 c) +1023 d) +2089
   e) +18,8 f) +13$\frac{7}{8}$ g) +181,75 h) +255,93

2. a) −35 b) −163 c) −446 d) −7607
   e) −18,9 f) −8$\frac{7}{9}$ g) −32,1 h) −655,9

3. a) +46 b) +233 c) +102 d) +444

4. a) −84 b) −383 c) −10,7 d) −11,4

5. a), b) und d) sind richtig.

6. Das Thermometer zeigt −7,7 °C.

7. −117 muss addiert werden.

8. Das Konto ist mit **2207 €** im Minus.

9. a) +44 b) +222 c) −2$\frac{1}{20}$ d) +2,6
   +1   +115   +2$\frac{11}{24}$ −7,1
   +55   −101   +$\frac{5}{12}$ +6,9

10. a) +26; −7 b) −50; −59; +50 c) +9,2; +5,6; −3,2

11. a) **390 €** bleiben übrig. Es reicht nicht.
    b) Ihr monatlicher Kontostand wäre **−110 €**.
    In einem Jahr würde der Kontostand **−1320 €** betragen.

Subtraktion rationaler Zahlen (S. 33/34)

−	+35	−45	+41	−12	+210	+51	−96
−16	−51	+29	−57	−4	−226	−67	+80
+51	+16	+96	+10	+63	−159	0	+147
−650	−685	−605	−691	−638	−860	−701	−554
−5	−40	+40	−46	+7	−215	−56	+91
+359	+324	+404	+318	+371	+149	+308	+455
−91	−126	−46	−132	−79	−301	−142	+5
−8	−43	+37	−49	+4	−218	−59	+88

2. a) +1,77 b) −1,237 c) −59,1
   +4,21   +13,281   +562,9
   −1$\frac{3}{4}$ −$\frac{7}{12}$ −5$\frac{16}{21}$

3. a) (−9) b) (−5) c) (+7) d) (+12)

4. a) (−59) − (−30) = −29 b) (+59) − (−30) = +89
   c) (−59) − (+30) = −89 d) (+59) − (+30) = +29
   e) (−8) − (−10) = +2 f) (−22) − (+15) = −37
   g) (+31) − (−92) = +123 h) (+45) − (+38) = +7

5. a) (−8) b) (+7), (−30)
   c) (−9) d) (−6), (−13)
   e) (−17) f) (−11), (−4)
   g) (+24), (+37) h) (−12), (−9), (−21)

6.
+	$\frac{1}{2}$	−$\frac{5}{6}$	3$\frac{1}{4}$	2$\frac{1}{2}$	2$\frac{1}{3}$	−1$\frac{3}{4}$
−$\frac{1}{2}$	0	−1$\frac{1}{3}$	2$\frac{3}{4}$	2	1$\frac{5}{6}$	−2$\frac{1}{4}$
$\frac{1}{6}$	$\frac{2}{3}$	−$\frac{4}{6}$	3$\frac{5}{12}$	2$\frac{2}{3}$	2$\frac{1}{2}$	−1$\frac{7}{12}$
−2$\frac{1}{2}$	−2	−3$\frac{1}{3}$	$\frac{3}{4}$	0	−$\frac{1}{6}$	−4$\frac{1}{4}$
−$\frac{5}{6}$	−$\frac{1}{3}$	−1$\frac{2}{3}$	2$\frac{5}{12}$	1$\frac{2}{3}$	1$\frac{1}{2}$	−2$\frac{7}{12}$
2$\frac{1}{2}$	3	1$\frac{2}{3}$	5$\frac{3}{4}$	5	4$\frac{5}{6}$	$\frac{3}{4}$
−$\frac{7}{8}$	−$\frac{3}{8}$	−1$\frac{17}{24}$	2$\frac{3}{8}$	1$\frac{5}{8}$	1$\frac{11}{24}$	−2$\frac{5}{8}$

Lösungen

Gesetze der Addition (S. 35/36)

1. a) +5   b) +2   c) −106
   −3   −133   −387

2. a) +60   b) −202   c) +20   d) −256

3. a) −2   b) +1   c) +3   d) −10

4. a) >   b) <   c) <

5. a), c), d), g) und h)

6. a) +6587,2   b) +2880,7$\overline{3}$ c) −2
   d) −3   e) +799,5   f) +123

7. a) <   b) =   c) >   d) >

8. a) 56   b) 139   c) 61   d) 64   e) 0   f) 121

Addition, Subtraktion, Klammern (S. 37)

1. a) +24   b) +25   c) +9
   d) −195   e) +786   f) −3,48
   g) −13,6 h) +4,68 i) −8,89
   j) +1,17

2. a) +36   b) −49
      +104   +145

3. a) −26   b) −103

4. a) +121   b) +175   c) +111
   d) −33   e) +85   f) +57
   g) +21   h) +57

5.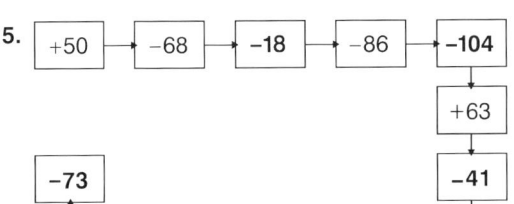

Multiplikation rationaler Zahlen (S. 38)

·	−6	+13	+45	−32
+14	−84	+182	+630	−448
−12	+72	−156	−540	+384
+63	−378	+819	+2835	−2016

·	+1,2	−8,4	−2,25	+5,3
−3,1	−3,72	+26,04	+6,97	−16,43
+9,5	+11,4	−79,8	−21,37	+50,35
+19,3	+23,16	−162,12	−43,42	+102,29

2. a) =   b) >   c) >   d) <

3. Der Produktwert beträgt **+26705**.

4. Man erhält das Ergebnis **+24752**.

5.
```
        +23882040                    +49680
   +5670      +4212              −276      −180
 −70   −81     −52            −23    +12     −15

        +1444014
    −561      −2574
 +17    −33      +78
```

6. a) −14 $\frac{7}{8}$ b) +95 $\frac{7}{40}$ c) +110 $\frac{2}{5}$
   d) +2,55   e) +152 $\frac{7}{9}$ f) −21 $\frac{1}{4}$

Division rationaler Zahlen (S. 39)

:	−15	+3	+5	−10
−105	+7	−35	−21	+10,5
+90	−6	+30	+18	−9
−150	+10	−50	−30	+15
+300	−20	+100	+60	−30

:	−1,5	+0,5	−0,25	+3
−10,5	+7	−21	+42	−3,5
−7,5	+5	−15	+30	−2,5
+1,5	−1	+3	−6	+0,5
+22,5	−15	+45	−90	+7,5

2. a) (−210) : (−0,7) − 150 = +150
   b) (−345) : 30 + 2436 : (−58) = −53,5
   c) ((−12) + (−78)) · (35 : (−7)) = +450
   d) 350 : (−5) + (−14) · (−78) = +1022

3. a) −5   b) + $\frac{9}{20}$ c) −7   d) +2 $\frac{1}{5}$
   e) +110 f) +1 $\frac{1}{4}$ g) + $\frac{2}{5}$ h) − $\frac{2}{3}$

4. a) +9   b) +9   c) −6   d) −8

Verbindung der Rechenarten (S. 40)

1. a) (−5) · (3 − 9) = 30
   b) −50 · (18 + 32) = −2500
   c) 4 · (6 + 8) · (−2) = −112
   d) (9 − 7) · (−6) = −12
   e) −27 − (81 : 9) = −36
   f) (12 : 4) − (90 : 3) = −27

2. a) −1008   b) −307   c) −281   d) −11600
   e) −14,84 f) +418   g) −27

3.
1	3	3		2	9		1	5	3
1		1	0	7		1	5	3	6
6	2	5			1	6	0	0	
	2	0	0		0	2	0	1	0

Lösungen

Das Koordinatensystem (S. 41/42)

1.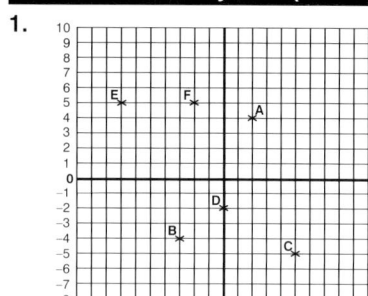

2. a) 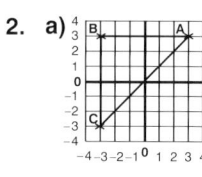 b)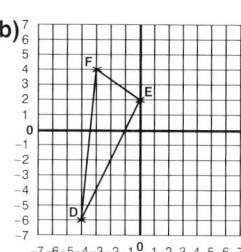

3. a) 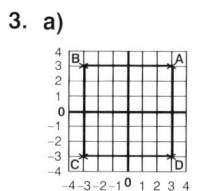 b)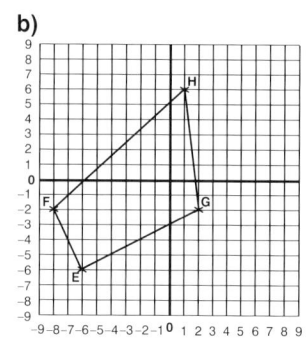

4. 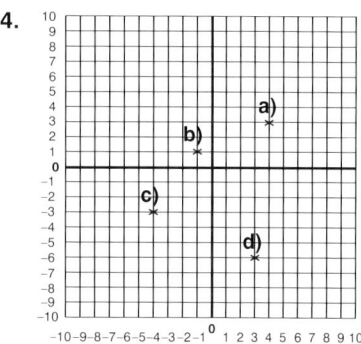 Die neuen Koordinaten lauten: **A' (3/-6)**

6.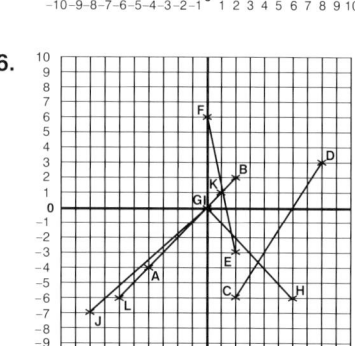

Terme mit Variablen (S. 43)

1. a) x = 5   b) x = 54   c) x = 4   d) x = 5
   x = 22   x = 500   x = 3   x = 11
   x = 125   x = 5   x = 3   x = 6

   e) x < 1   f) x = 5   g) x = 10   h) x = 375
   x = 50   x = 200   x = 3   x = 2,22
   x = 90   x = $\frac{7}{9}$ x = 6   x = 20

2. a) x + 5   b) x − 20   c) 2 · x   d) 0,5 · x
   e) 4 · x   f) x + 20   g) x + 32 h) 3 · x
   i) $\frac{x}{3}$ j) x − 10

3.

Aussage	Aussageform
6 + 9 = 15	6 + x = 15
3 · 23 = 69	3 · x = 69
2,5 + 17 = 19,5	2,5 + x = 19,5
15 − 19 = −4	**15 − x = −4**
63 : 7 = 9	63 : x = 9
5 · 5 + 2 = 27	5 · 5 + x = 27
200 − 130 = 70	**200 − x = 70**

Berechnen von Termen 1 (S. 44)

Werte für x	3 · x	−5 · x	4 · x − x	−6 · x	12 − 2 · x	5 · x − 3
2	6	−10	6	−12	8	7
$\frac{1}{2}$	$1\frac{1}{2}$	$-2\frac{1}{2}$	$1\frac{1}{2}$	−3	11	$-\frac{1}{2}$
−2	−6	10	−6	12	16	−13
3,5	10,5	−17,5	10,5	−21	5	14,5
−10	−30	50	−30	60	32	−53

2. a) 60 − (5 + 18) = 37   b) $4\frac{2}{3} + 16 = 20\frac{2}{3}$
   72 − (3 + 12) − 15 = 42 $7\frac{1}{2} + 15 − 28\frac{1}{2} = −6$

   c) (18 + 12) − (30 − 42) = 42
   (−18) · (−30) = 540

3.

x	1	2	3	4	5	6	7	8	9	10
(10−3)·(x+2)	21	28	35	42	49	56	63	70	77	84

4.

Werte für x	a)	b)	c)	d)	e)
1	$1\frac{3}{4}$	7	2	−28	3
2	$2\frac{3}{4}$	9	4	−56	11
3	$3\frac{3}{4}$	11	6	−84	19
4	$4\frac{3}{4}$	13	8	−112	27
5	$5\frac{3}{4}$	15	10	−140	35
6	$6\frac{3}{4}$	17	12	−168	43
7	$7\frac{3}{4}$	19	14	−196	51
8	$8\frac{3}{4}$	21	16	−224	59
9	$9\frac{3}{4}$	23	18	−252	67
10	$10\frac{3}{4}$	25	20	−280	75

5. a) 378   b) 700   c) −213   d) 216

Lösungen

Berechnen von Termen 2 (S. 45)

x	y	5x + 2y	7y − 2x	6xy
3	−4	7	−34	−72
−6	1	−28	19	−36
0	−5	−10	−35	0
−7	8	−19	70	−336

x	y	2x−(5+3y)	(4x−4y)·2	$(-\frac{1}{5}x)\cdot(-2y)$	(−x+2y)+1
3	−4	13	56	$-4\frac{4}{5}$	−10
−6	1	−20	−56	$-2\frac{2}{5}$	9
0	−5	10	40	0	−9
−7	8	−43	−120	$-22\frac{2}{5}$	24

2. a) x − 2y = 8   c) x + 3y = −2   d) 2x + 3y = 2
   e) $\frac{1}{4}$ x + y = −1   f) −5x + 3y = −26

3. a) (2 · 2 + 3 · 0) = 4   b) 7 · 5 − 5 · 3 = 20
   c) 3 · (2 · 4 − 3 · 5) = −21   d) 3 · (5 + 1) = 18
   e) 4 · (2 − 2 · 4) = −24   f) 26 · 2 − 2 = 50
   g) $1\frac{3}{4}$ · 4 − $2\frac{1}{2}$ · 2 = −2   h) 5 · 4 · (−4 · 3) = −240

4. a)

x	0	1	−1	2	−2	3	−3
y	4	7	1	10	−2	13	−5

b)

x	0	1	−1	2	−2	3	−3
y	4	$4\frac{1}{2}$	$3\frac{1}{2}$	5	3	$5\frac{1}{2}$	$2\frac{1}{2}$

c)

x	0	1	−1	2	−2	3	−3
y	−2	−1,9	−2,1	−1,8	−2,2	−1,7	−2,3

d)

x	0	1	−1	2	−2	3	−3
y	−0,5	3,5	−4,5	7,5	−8,5	11,5	−12,5

5. a) −98   b) 50

Aufstellen von Termen (S. 46/47)

1. a) $\frac{1}{2}$x   b) $\frac{1}{3}$x   c) 10 x
   d) x + (−6)   e) x · 7   f) x : 5
   g) x + 8   h) x : 3   i) x · 2
   j) (x + 9) : 2   k) (x − 2) · 2   l) (x + 5) : 3
   m) x · 9 − 11   n) x · 4 + x · 4 + 20
   o) $\frac{x}{6}$ − 100

2. a) (x − 9) · 3 + 15   b) (x + 7) · 20 + (x · 6)
   c) x + 10 + 50   d) x : 4 + x · 6

3. a) ❹   b) ❻   c) ❶   d) ❺   e) ❸   f) ❷

Addition von Termen (S. 48/49)

+	$\frac{1}{2}$x	y	4,6x	19x	125y
0,75x	1,25x		5,35x	19,75x	
215y		216y			340y
36y		37y			161y
427x	$427\frac{1}{2}$ x		431,6x	446x	

+	385y	8x	45y	7,8x
0,75x		8,75x		8,55x
215y	600y		260y	
36y	421y		81y	
427x		435x		434,8x

2. a) 51a + 64b   b) 14,4y + 36z
   c) 71k + 98t   d) 13,2p − 3,3q

3. a) 243x + 135y   b) 334x + 165y
   c) 294x + 185y   d) 376x + 119y

4. Eine Lösung: a), d) und e) sind gleichartige Terme.

5. a), c), e), g), j), k) und l).

6.

+	4x	3x + 4	5x + 8	24x	128x
14x + 5	18x+5	17x+9	19x+13	38x+5	142x+5
12x + 4	16x+4	15x+8	17x+12	36x+4	140x+4
x + 2	5x+2	4x+6	6x+10	25x+2	129x+2
16x + 5	20x+5	19x+9	21x+13	40x+5	144x+5
5x + 5	9x+5	8x+9	10x+13	29x+5	133x+5

+	x + 9	7 + 4x	102x	35
14x + 5	15x+14	18x+12	116x+5	14x+40
12x + 4	13x+13	16x+11	114x+4	12x+39
x + 2	2x+11	5x+9	103x+2	x+37
16x + 5	17x+14	20x+12	118x+5	16x+40
5x + 5	6x+14	9x+12	107x+5	5x+40

+	12y	5 + 4y	53y	y	16
4y + 8	16y+8	8y+13	57y+8	5y+8	4y+24
2y + 2	14y+2	6y+7	55y+2	3y+2	2y+18
y + 1	13y+1	5y+6	54y+1	2y+1	y+17
16y + 16	28y+16	20y+21	69y+16	17y+16	16y+32
7y + 5	19y+5	11y+10	60y+5	8y+5	7y+21

+	48y	23y + 2	55 + y	34y + 1
4y + 8	52y+8	27y+10	5y+63	38y+9
2y + 2	50y+2	25y+4	3y+57	36y+3
y + 1	49y+1	24y+3	2y+56	35y+2
16y + 16	64y+16	39y+18	17y+71	50y+17
7y + 5	55y+5	30y+7	8y+60	41y+6

Die Mathe-Merk-Mappe – Klasse 7

Lösungen

Subtraktion von Termen (S. 50/51)

−	$\frac{1}{2}x$	2y	5,1x	12x	120y
0,5x	0		−4,6x	−11,5x	
315y		313y			195y
78y		76y			−42y
543x	$542\frac{1}{2}x$		537,9x	531x	

−	303y	7x	18y	1,8x
0,5x		−6,5x		−1,3x
315y	12y		297y	
78y	−225y		60y	
543x		536x		541,2x

2. a) 3a − 71b b) 39,6y − 15z
c) −16k + 6t d) 7,4p − 11,1q

3. a) 208x − 102y b) 231x + 131y
c) 214x − 182y d) 421x − 136y

4. Eine Lösung: a), d) und e) sind gleichartige Terme.

5. a), c), e), g), i), j) und k).

6.

−	6x	(2x + 5)	(5x + 5)	26x	108x
(12x−15)	6x−15	10x−20	7x−20	−14x−15	−96x−15
(x − 2)	−5x−2	−x−7	−4x−7	−25x−2	−107x−2
(2x + 2)	−4x+2	−3	−3x−3	−24x+2	−106x+2
(12x − 1)	6x−1	10x−6	7x−6	−14x−1	−96x−1
(5x − 5)	−x−5	3x−10	−10	−21x−5	−103x−5
(26x − 3)	20x−3	24x−8	21x−8	−3	−82x−3

−	(x − 3)	(9 + 8x)	162x	42
(12x−15)	11x−12	4x−24	−150x−15	12x−57
(x − 2)	1	−7x−11	−161x−2	x−44
(2x + 2)	x+5	−6x−7	−160x+2	2x−40
(12x − 1)	11x+2	4x−10	−150x−1	12x−43
(5x − 5)	4x−2	−3x−14	−157x−5	5x−47
(26x − 3)	25x	18x−12	−136x−3	26x−45

−	15y	(2 − 2y)	42y	y	18
(14y−18)	−y−18	16y−20	−28y−18	13y−18	14y−36
(2y − 2)	−13y−2	4y−4	−40y−2	y−2	2y−20
(5y + 7)	−10y+7	7y+5	−37y+7	4y+7	5y−11
(15y − 1)	−1	17y−3	−27y−1	14y−1	15y−19
(18y + 2)	3y+2	20y	−24y+2	17y+2	18y−16
(y − 2)	−14y−2	3y−4	−41y−2	−2	y−20

−	72y	(24y + 7)	(18 + y)	(13y + 1)
(14y−18)	−58y−18	−10y−25	13y−36	y−19
(2y − 2)	−70y−2	−22y−9	y−20	−11y−3

−	72y	(24y + 7)	(18 + y)	(13y + 1)
(5y + 7)	−67y+7	−19y	4y−11	−8y+6
(15y − 1)	−57y−1	−9y−8	14y−19	2y−2
(18y + 2)	−54y+2	−6y−5	17y−16	5y+1
(y − 2)	−71y−2	−23y−9	−20	−12y−3

Multiplikation von Termen (S. 52/53)

1. a) 24x 120t $70x^2y^2$
b) 105f 272y $198y^2$
c) 98x 225b $9801r^2$
d) 75q $529p^2$ $216a^2b^2$
e) 120a $72d^2$ $250ac^2$
f) 20s 70y $42t^3$

2. a) $330u^2v^2$ b) $600rs^3$ c) $1200x^2y^2$
d) $320d^3s^2$ e) $540a^3b^2$ f) $80a^2b^2$
g) $192x^2y^2$ h) $480g^2h^2$ i) $14m^2n$
j) $4x^2y^2$ k) $40r^2s^2$ l) $1800l^2m^3$
m) $204a^2d^2$ n) $8x^3y^3$ o) $840x^2y^2$

3. a) a^3b^2p b) $15x^2yz^2$ c) $ab^2c^2d^2$
d) $x^3y^3z^3$ e) $a^2b^2x^2y^2z^2$ f) $\frac{1}{8}xy^2$
g) $\frac{1}{4}q^2s^2$ h) $\frac{2}{3}b^3$ i) $3\frac{11}{50}x^3y^2$
j) $\frac{10}{27}u^2v^3$

4. a) 8xy b) 6c c) 17a d) 5x
e) 8gy f) 8vw g) $13c^2$ h) 5p

5. a) x^3y^3 und 3xy
b) a^3 und 3a
c) $4a^2b^2$ und 4ab
d) $64a^3w^3$ und 12aw

6.

·	3x	4x	6a	7ab	$12a^2z$
2x	$6x^2$	$8x^2$	12ax	14abx	$24a^2xz$
5y	15xy	20xy	30ay	35aby	$60a^2yz$
7z	21xz	28xz	42az	49abz	$84a^2z^2$
9bc	27bcx	36bcx	54abc	$63ab^2c$	$108a^2bcz$
12ab	36abx	48abx	$72a^2b$	$84a^2b^2$	$144a^3bz$
10p	30px	40px	60ap	70abp	$120a^2pz$
29	87x	116x	174a	203ab	$348a^2z$
6gp	18gpx	24gpx	36agp	42abgp	$72a^2gpz$
$7z^2$	$21xz^2$	$28xz^2$	$72az^2$	$49abz^2$	$84a^2z^3$
$10p^2$	$30p^2x$	$40p^2x$	$60ap^2$	$70abp^2$	$120a^2p^2z$

·	9z	$13z^2$	20bc	17pq
2x	18xz	$26xz^2$	40bcx	34qpx
5y	45yz	$65yz^2$	100bcy	85pqy
7z	$63z^2$	$91z^3$	140bcz	119pqz
9bc	81bcz	$117bcz^2$	$180b^2c^2$	153bcpq
12ab	108abz	$156abz^2$	$240ab^2c$	204abpq
10p	90pz	$130pz^2$	200bcp	$170p^2q$

Lösungen

·	9z	13z²	20bc	17pq
29	261z	377z²	580bc	493pq
6gp	54gpz	78pgz²	120bcgp	102gp²q
7z²	63z³	91z⁴	140bcz²	119pqz²
10p²	90p²z	130p²z²	200bcp²	170p³q

7. a) $672a^2b^3c$ b) $-309{,}825x^3yz^2$
   c) $-3a^2z^3$ d) $-4{,}5v^3w^3$
   e) $-28{,}75a^3b^2$ f) $-2262{,}69a^2b^2x^3y^3$

Division von Termen (S. 54)

1. a) $9ab$ b) $-9x^2y$ c) $-7g^2$ d) -2 e) 13
   $7k$ $-9cx$ $-9a$ $-3a$ $-12dw$

2. $((x \cdot 20) : 2) \cdot (x \cdot 10)$

3. $2 \cdot (5 \cdot a) : 2$

4. $(72 \cdot x^2 \cdot y) : 9$

5. $x^2 + x + 11$

x	5	6	7	8	9	10
Term	41	53	67	83	101	121
	+12	+14	+16	+18	+20	

6. a) $64y^2z^2$ b) $75x^2y^2$ c) $3b$ d) 3
   $24p^2q^2$ $3m^2n^2$ $5x$ $13t^2$

7. $x + (x+1) + (x+2) = 3x + 3$

x	1	2	3	4	5	6	7	8	9	10	11	12
Term	6	9	12	15	18	21	24	27	30	33	36	39

Lösen von Gleichungen (S. 55/56)

1. a) $1 + 2 = 2 + 1$ c) $18 = \frac{18}{1} \cdot 1$

2. a) $\mathbb{L} = \{2\}$ b) $\mathbb{L} = \{6\}$
   c) $\mathbb{L} = \{10\}$ d) $\mathbb{L} = \{2\}$
   e) $\mathbb{L} = \{6\}$ f) $\mathbb{L} = \{3\}$
   g) $\mathbb{L} = \{4\}$ h) $\mathbb{L} = \{6\}$

3. a) $\mathbb{L} = \{2\}$ b) $\mathbb{L} = \{2\}$ c) $\mathbb{L} = \{7\}$
   d) $\mathbb{L} = \{2\}$ e) $\mathbb{L} = \{12\}$ f) $\mathbb{L} = \{5\}$
   g) $\mathbb{L} = \{4\}$ h) $\mathbb{L} = \{19\}$ i) $\mathbb{L} = \{20\}$
   j) $\mathbb{L} = \{4\}$ k) $\mathbb{L} = \{111\}$ l) $\mathbb{L} = \{3\}$
   m) $\mathbb{L} = \{3\}$ n) $\mathbb{L} = \{7\}$ o) $\mathbb{L} = \{8\}$

4. a) $\mathbb{L} = \{1\}$ b) $\mathbb{L} = \{11\}$ c) $\mathbb{L} = \{3\}$

Lösen von Gleichungen (S. 57)

1. a) $x = 8$ b) $x = 56$ c) $x = 36$
   d) $x = 2$ e) $x = 72$ f) $x = 11$
   g) $x = -14$ h) $x = 21{,}2$ i) $x = -40$
   j) $x = 2{,}4$

2. a) $x = 1$ b) $x = 48$ c) $x = -63$
   d) $x = -1$ e) $x = 19\frac{4}{5}$ f) $x = 3{,}3$
   g) $x = -106$ h) $x = 10$ i) $x = 43$
   j) $x = -82{,}5$

Lösen von Gleichungen (S. 58/59)

1. a) $x = 9$ b) $x = 7$ c) $x = 30$
   $x = 18$ $x = 10$ $x = 13{,}7$
   $x = 11$ $x = 11$ $x = 10$
   $x = -10$ $x = -3$ $x = 37$
   d) $x = 2$ e) $x = 16$ f) $x = 17$
   $x = -30$ $x = 3\frac{5}{12}$ $x = 12{,}9$
   $x = 2$ $x = -4{,}4$ $x = 24$
   $x = 1{,}6$ $x = 19{,}8$ $x = 18{,}2$

2. a) $x = 2$ b) $x = -9$ c) $x = -8$
   $x = 5$ $x = -22$ $x = -20$
   $x = 5$ $x = -6$ $x = -6$
   $x = 4$ $x = -6$ $x = -9$
   d) $x = 882$ e) $x = -72$ f) $x = 15$
   $x = 208$ $x = -162$ $x = -1$
   $x = 26{,}22$ $x = -32{,}56$ $x = -10$
   $x = 13{,}14$ $x = -3\frac{1}{5}$ $x = -10$

3. a) 3 und 8 4. a) 6
   b) 12 und 5 b) 3
   c) 6 und 30 c) 14
   d) -70 und $-35\frac{1}{2}$ d) 2
   e) $2\frac{2}{3}$ und 9 e) 3
   f) 2 und 2
   g) 2 und $\frac{3}{4}$

Aufstellen von Gleichungen (S. 60)

1. Herr Schneider: **39** Jahre, Sohn: **13** Jahre

2. Herr Süter: **44** Jahre, Frau Süter: **36** Jahre, Sohn: **9** Jahre

3. Die Zahlen lauten: **53** und **54**

4. Mädchen: **19**, Jungen: **12**

5. Kathrin = **102**, Tim = **51**, Marlin = **97**

6. Länge: **12**, Breite: **6**

7. $a = 36$, $b = 12$, $c = 24$

8. Die Zahlen lauten: **149, 150, 151**

9. kleinere Zahl: **7**, größere Zahl: **15**

Lösen von Ungleichungen (S. 61/62)

Mögliche Zahlen für die Lösungsmengen:

1. a) $\mathbb{L} = \{6, 7, 8 \ldots\}$ b) $\mathbb{L} = \{5, 4, 3 \ldots\}$
   $\mathbb{L} = \{-7, -8, -9 \ldots\}$ $\mathbb{L} = \{8, 9, 10 \ldots\}$
   $\mathbb{L} = \{\frac{1}{3}\}$ $\mathbb{L} = \{-11, -12, -13 \ldots\}$
   c) $\mathbb{L} = \{8, 9, 10 \ldots\}$ d) $\mathbb{L} = \{18\}$
   $\mathbb{L} = \{0{,}5; 0{,}6; 0{,}7 \ldots\}$ $\mathbb{L} = \{8, 17, 16 \ldots\}$
   $\mathbb{L} = \{\frac{1}{5}, \frac{2}{5}\}$ $\mathbb{L} = \{1{,}2; 1{,}3; 1{,}4 \ldots\}$
   e) $\mathbb{L} = \{4, 5, 6 \ldots\}$ f) $\mathbb{L} = \{-4, -3, -2 \ldots\}$
   $\mathbb{L} = \{-1, -2, -3 \ldots\}$ $\mathbb{L} = \{1, 2, 3 \ldots\}$
   $\mathbb{L} = \{-1, 0, 1 \ldots\}$ $\mathbb{L} = \{5, 6, 7 \ldots\}$

Mögliche Zahlen für die Lösungsmengen:

2. a) $x \leq 5$ $\mathbb{L} = \{5, 4, 3 \ldots\}$
   b) $x > 7$ $\mathbb{L} = \{8, 9, 10 \ldots\}$

Die Mathe-Merk-Mappe – Klasse 7

Lösungen

c) x > −4 $\mathbb{L} = \{−3, −2, −1 \ldots\}$
d) x > 2 $\mathbb{L} = \{3, 4, 5 \ldots\}$
e) $x > \frac{4}{3}$ $\mathbb{L} = \{\frac{5}{3}, \frac{6}{3}, \frac{7}{3} \ldots\}$
f) $x \leq 4$ $\mathbb{L} = \{4, 3, 2 \ldots\}$
g) x > −7 $\mathbb{L} = \{−6, −5, −4 \ldots\}$
h) $x > \frac{3}{8}$ $\mathbb{L} = \{\frac{4}{8}, \frac{5}{8}, \frac{6}{8} \ldots\}$

3. a) 2x + 12 < 10   **b)** 2x − 4 < 2   **c)** 3x + 4 ≤ 1

4. a) b, a, c   **b)** d, b, a, c   **c)** c, a, d, b

Mögliche Zahlen für die Lösungsmengen:
5. a) $\mathbb{L} = \{2\}$ **b)** $\mathbb{L} = \{1, 0, −1, −2 \ldots\}$
   c) $\mathbb{L} = \{3, 4, 5 \ldots\}$

6. Die kürzeren Seiten liegen zwischen **14 m** und **14,5 m**.

7. Bis zu einer Gesprächszeit von **18 Minuten** ist **Tarif 1** günstiger gegenüber Tarif 2.

8. Nach **12534 Tagen** liegen die Kosten von „Bio-Frost" unter denen von „Frosty". Das sind mehr als 34 Jahre.

Prozentbegriff (S. 64/65)

1. a) 40%, 70%, 65%, 85%, 15%, 12%, 76%, 88%, 6%, 68%, 58%
b) 50%, 25%, 75%, 60%, 80%
c) 10%, 14%, 32%, 91%, 25%, 50%, 30%

2. a) $\frac{1}{50}, \frac{1}{25}, \frac{7}{100}, \frac{9}{100}, \frac{3}{20}, \frac{17}{100}$
b) $\frac{1}{5}, \frac{3}{10}, \frac{2}{5}, \frac{1}{2}, \frac{3}{5}, \frac{7}{10}$
c) $\frac{1}{8}, \frac{31}{200}, \frac{37}{200}, \frac{41}{200}$
d) $\frac{1}{500}, \frac{41}{5000}, \frac{13}{1000}, \frac{157}{1000}, \frac{391}{1000}$

3. <, =, > / >, =, =

4. a) 40%   **b)** 38%   **c)** 60%   **d)** 40%
e) 20%   **f)** 80%   **g)** 15%   **h)** 9%

5. a) 20%   **b)** 50%   **c)** 10%   **d)** 5%   **e)** 75%   **f)** 2%

6. $\frac{4}{8} = 50\%$, $\frac{6}{8} = 75\%$, $\frac{3}{4} = 75\%$, $\frac{5}{6} = 83\%$, $\frac{5}{12} = 42\%$, $\frac{7}{15} = 47\%$, $\frac{5}{21} = 23,5\%$,

7. a) $0,15 = \frac{3}{20}$, $0,3 = \frac{3}{10}$, $0,5 = \frac{1}{2}$, $0,46 = \frac{23}{50}$, $0,09 = \frac{9}{100}$, $0,24 = \frac{6}{25}$
b) $0,0025 = \frac{1}{400}$, $0,002 = \frac{1}{500}$, $0,75 = \frac{3}{4}$, $0,0045 = \frac{9}{2000}$, $0,011 = \frac{11}{1000}$
c) $1,1 = \frac{11}{10}$, $1,25 = \frac{5}{4}$, $1,3 = \frac{13}{10}$, $1,44 = \frac{36}{25}$, $1,35 = \frac{27}{20}$

8. a) Baumwolle | Wolle | Synthetik
b) Reifen | Bremsen | ohne Beanstandung

Diagramme mit Prozentangaben (S. 66)

1.

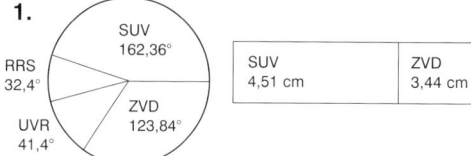

SUV 162,36°, ZVD 123,84°, UVR 41,4°, RRS 32,4°

| SUV 4,51 cm | ZVD 3,44 cm | UVR 1,15 cm | RRS 0,9 cm |

2.

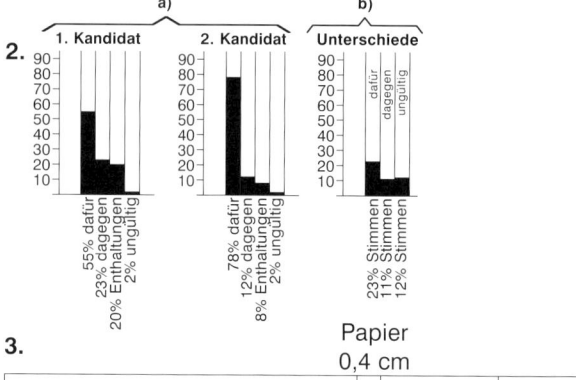

a) 1. Kandidat: 55% dafür, 23% dagegen, 20% Enthaltungen, 2% ungültig
2. Kandidat: 78% dafür, 12% dagegen, 8% Enthaltungen, 2% ungültig
b) Unterschiede: 23% dafür Stimmen, 11% dagegen Stimmen, 12% ungültig Stimmen

3. Papier 0,4 cm | Glas 6 cm | Metall 2 cm | Kunststoff 1,6 cm

Prozentwert (S. 67/68)

1. a) 16 €   **b)** 48 €   **c)** 400 €   **d)** 96 €   **e)** 120 €
f) 640 €

2. a) 18 €   **b)** 14,40 €   **c)** 288 €   **d)** 2520 €   **e)** 3276 €

3. a) 317,2 kg   **b)** 25,99 kg   **c)** 3290 m   **d)** 2880 m
e) 1 l   **f)** 36,45 l   **g)** 3 €   **h)** 420 €

4. Die Vermittlungsgebühr betrug **7260 €**.

5. a) Der Makler verdient **7200 €**.
b) Familie Pieter muss insgesamt **247 200 €** bezahlen.

6. Goldring **33 €**, Geldbörse mit Inhalt **10 €**, Kamera **138 €**, Regenschirm **0,8 €**, Armbanduhr **90 €**, Taschenrechner **2 €**, Seidenschal **2,4 €**, Goldarmband **72 €**, Silberarmband **4,8 €**, Fahrrad **51 €**, Brille **36 €**, Handy **6 €**, Laptop **168 €**, Koffer **7,6 €**

7. a) Familie Sieber leiht sich **16 000 €**.
b) Der Aufpreis beträgt **3 120 €**.

Prozentsatz (S. 69)

1. 50%; 5,5%; 12%; 12,5%; 4%; 20%

2. a) 5%   **b)** 2%   **c)** $33,\overline{3}\%$ **d)** 4%

3. Er hat **5%** Rabatt bekommen.

4. Der Prozentsatz beträgt **37,5%**.

5. Das sind **24,9%** der Schüler.

6. a) Mädchen **43,75%**, Jungen **56,25%**
b) Mädchen **$43,\overline{3}\%$**, Jungen **$56,\overline{6}\%$**

Lösungen

7. **25%** der Fahrer mussten sich einer Blutprobe unterziehen.

Grundwert (S. 70)

1. 1600 €; 1300 €; 1300 €; 150 €; 2000 €; 250 €; 1300 €; 600 €; 90 €

2. a) 750 €; 2000 €; 1000 €; 1500 €, 3000 €
   b) 750 €; 1000 €; 300 €; 10000 €; $2727,\overline{27}$ €
   c) 5128,21 €; $4444,\overline{44}$ €; 571,43 €; 307,22 €; 202,22 €

3. a) Die neue Miete beträgt **882 €**.
   b) Vor der Erhöhung betrug die Miete **840 €**.

4. Herr Maurer verdient monatlich **2500 €**.

5. Staubsauger 300 €   Kochtopf-Set 450 €
   Damenanzug 750 €   Kinderbett 300 €
   Schrank 1250 €   Sofa 1800 €

Prozentrechnung im Alltag (S. 71)

Einkaufspreis (€)	350	1500	220	**220**
Verkaufspreis (€)	450	**1380**	253	270
Gewinn/Verlust (€)	**+100**	−120	**+33**	+50
Gewinn/Verlust (%)	**+28,6**	**−8**	**+15**	**+22,7**

Einkaufspreis (€)	800	**482**	998	78,30
Verkaufspreis (€)	**950**	456	1298	**98,05**
Gewinn/Verlust (€)	+150	−26	+300	+19,75
Gewinn/Verlust (%)	**+18,75**	**−5,4**	**+30,06**	+25,22

2. a) Der Prozentsatz beträgt **8%**.
   b) Die Mehrwertsteuer beträgt **2945 €**.
   c) Der Gesamtbetrag beträgt **17980 €**.

3. a) 305 000 € b) 298 700 € c) **298 000 €**

4. a) Mädchen 54,8% Jungen 45,2%
   b) 24%
   c) 78 SchülerInnen
   d) 16,9%

5. a) Im Jahresverbrauch sind **7,2 m³** Trinkwasser enthalten.
   b) Im Jahresverbrauch sind **136,8 m³** Brauchwasser enthalten.

6. **Nein**, nach dem Braten bleiben nur **34 kg** Fleisch übrig.

Zinsen (S. 74)

1. 32,2 €; 150,96 €; 64,60 €; 170 €; 240 €; 218 €; 16 €; 14,50 €; 26 €, 34,86 €

2. a) Frau Reiser erhält **122,50 €** Zinsen.
   b) Sie wird **3622,50 €** auf ihrem Sparbuch haben.

3. a) 506 €   b) 759 €   c) 632,50 €
   d) 1012 € e) 1087,90 € f) 1265 €

4. Angebot 1: 15600 €
   Angebot 2: 4500 € + 7700 € = 12200 €
   Angebot 3: 12000 € + 1600 € = 13600 €

5. a) Herr Lehmann erhält **27000 €** Zinsen gutgeschrieben.
   b) ja

Zinssatz (S. 75)

1. Kathrin: 3%   **Svenja: 3,5%**

2. a) Die Zinsen betrugen **1062,50 €**.
   b) Der Zinssatz für das Darlehen betrug **8,5%**.

3. 4%; 6,5%; 8%; 4,9%; 7,5%; 9%; $2,\overline{4}$%; 3,31%; 4%; 2,5%

4. a) Angebot 1: 12%   Angebot 2: 11%
   b) Angebot 1: 2%   Angebot 2: 3%
   c) Angebot 1: 17100 € Angebot 2: 17100 €

5. a) Der Zinssatz beträgt **2,5%**.
   b) Am Ende des Jahres befinden sich **512,50 €** auf dem Sparbuch.
   c) 3%
   d) 991,37 €

6. Tim: **3,5%**   Sebastian: 2,5%

7. Der Zinssatz betrug **3,6%**.

8. a) Der Zinssatz betrug **7%**.
   b) Das Gesamtguthaben beträgt **26750 €**.

Kapital (S. 76/77)

1. 480 €; 7500 €; 410 €; 72 €; 1500 €; 8749,91 €; 3120 €; 1200 €; 2700 €; 780 €

2. a) 200 €   b) 5000 €   c) 54000 €
   d) 4500 € e) 9000 €   f) 78000 €

3. Herr Brill hat **280000 €** eingezahlt.

4. a) Das Darlehen betrug **150000 €**.
   b) Das Darlehen darf **140000 €** betragen.
   c) Das Darlehen muss **200000 €** betragen.

5. a) Katja hat **500 €** eingezahlt.
   b) Das Mountainbike darf höchstens **512,50 €** kosten.

6. 700 €; 800 €; 1000 €; 1120 €; 1310 €; 640 €; 1778 €

7. Lea: **800 €**; Maria: **750 €**; Markus: **800 €**

8. a) Die Kaution betrug **1350 €**.
   b) Eine Monatsmiete beträgt **1350 € : 3 = 450 €**.

9. 3428,57 €; 3000 €; 2400 €; 1904,76 €; 1714,29 €; 1212,12 €

Lösungen

10. Nach 16 Jahren wird sich das Kapital von Herrn Schmolz verdoppeln. Er wird dann **10 111,85 €** haben.

11. Im 29. Jahr wird Herr Brill **16 271,28 €** haben, Frau Bieger dagegen **16 464,56 €**.

12. Bei der Bemerbank bekommt Familie Hoope **13 400,96 €**, bei der Baderbank dagegen **13 382,26 €**.

13. 1. Jahr: **7762,50 €**; 2. Jahr: **8073 €**, 3. Jahr: **8476,65 €**; nach 10 Jahren: **12 745,74 €**

14. Das Ehepaar Peters wird bei der Citbank nach 10 Jahren **17 704,36 €** angespart haben. Um sich die Reise leisten zu können, müssten sie noch weitere 6 Jahre zum gleichen Zinssatz sparen. Nach 16 Jahren hätten sie dann insgesamt **26 569,47 €**. Bei der Kassenbank werden Herr und Frau Peters nach 8 Jahren **16 352,89 €** haben. Sie müssten noch weitere 6 Jahre bei gleichem Zinssatz sparen und hätten dann nach insgesamt 14 Jahren **25 591,65 €**.

Achsensymmetrie (S. 80)

1.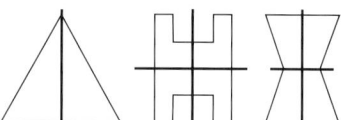

2.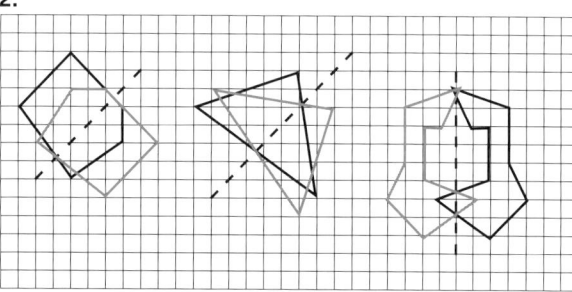

3. **a)** 4 **b)** 2 **c)** unendlich **d)** 2 **e)** 5 **f)** 6

4. Die Lösung kann auf Grund der Verkleinerung nicht dargestellt werden.

5.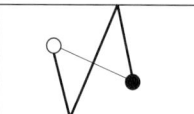

6. A, C, D, E, H, I, M, O, T, U, V, W, X, Y

Punktsymmetrie (S. 81)

1. **e)** ist punktsymmetrisch.

2. Beispielhaft sind an dieser Stelle drei von 6 genannten Dreiecken abgebildet.

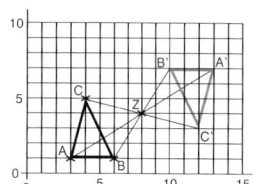
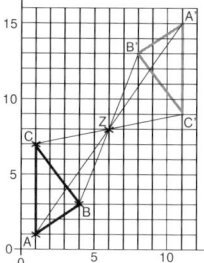
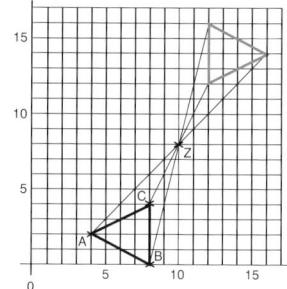

3. **b), c), d), e), f), g)** und **h)** sind punktsymmetrisch.

Mittelsenkrechte (S. 82)

2.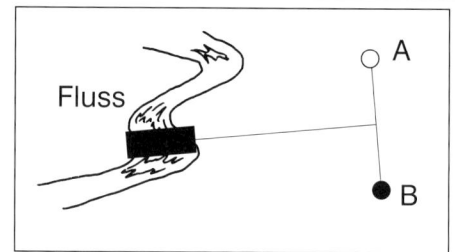

3.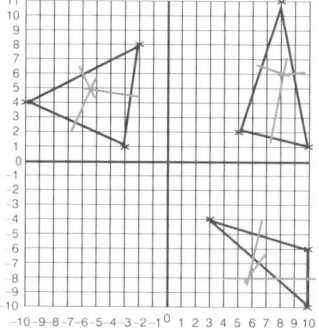

4. Die Lösung kann auf Grund der Verkleinerung nicht dargestellt werden.

5.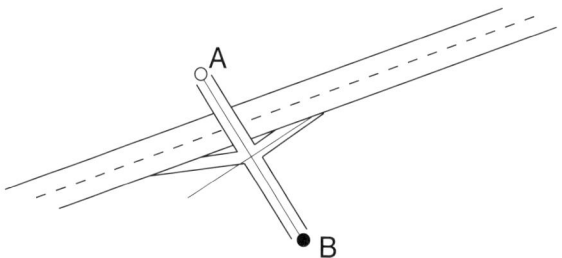

Winkelhalbierende (S. 84)

1. **a)** 2 Winkel zu je 25°
   b) 2 Winkel zu je 37,5°
   c) 2 Winkel zu je 17°
   d) 2 Winkel zu je 22,5°
   e) 2 Winkel zu je 33,5
   f) 2 Winkel zu je 42,5°
   g) 2 Winkel zu je 50°

Die Mathe-Merk-Mappe – Klasse 7

Lösungen

h) 2 Winkel zu je 65°
i) 2 Winkel zu je 72,5°
j) 2 Winkel zu je 76,5°
k) 2 Winkel zu je 62,5°
l) 2 Winkel zu je 55°

2. Die Lösung kann auf Grund der Verkleinerung nicht dargestellt werden.

3. a)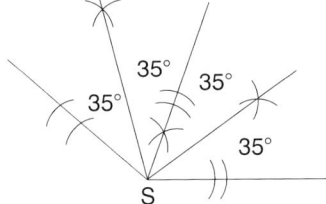

b) 4 Winkel zu je 32,5°
c) 4 Winkel zu je 22,5°
d) 4 Winkel zu je 41,25°

4.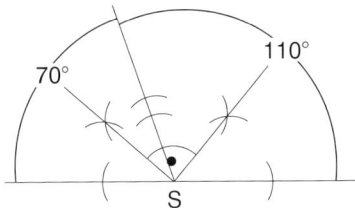

Die Winkelhalbierenden der beiden Winkel bilden einen rechten Winkel (90°).

5. Die Lösung kann auf Grund der Verkleinerung nicht dargestellt werden.

6. a), b) und d)

Scheitelwinkel, Nebenwinkel (S. 86)

1. a) β oder β' = 144°   b) α oder α' = 78°
   c) α oder α' = 81°   d) β oder β' = 46°
   e) β oder β' = 91°

2. α' = 40°   β = 140°   β' = 140°
   β = 113°   α = 67°   α' = 67°
   β' = 101°   α = 79°   α' = 79°
   α = 44°   β = 136°   β' = 136°
   β = 15°   α = 165°   α' = 165°

3. a) β = 132°   β' = 132°
   b) α' = 25°   β = 155°
   c) α = 95°   β = 85°   β' = 85°
   d) β' = 19°   α = 125°   α' = 125°
   e) α' = 130°   β = 50°   β' = 50°
   f) α = 20°   β = 100°   γ = 60°   β' = 100°
   g) α = 69°   β = 90°

4. a) α = α' = 100°;   β = β' = 80°
   b) α = α' = 105°;   β = β' = 75°
   c) α = a' = 120°;   β = β' = 60°
   d) α = α' = 95°;   β = β' = 85°

Stufenwinkel, Wechselwinkel (S. 87)

1.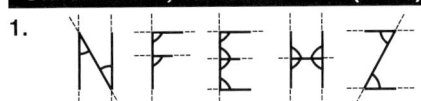

2.

	α1	α2	α3	α4	β1	β2	β3	β4	γ1	γ2	γ3	γ4
α1	–	N	N	SC	ST	–	–	W	ST	–	–	W
α2	N	–	SC	N	–	ST	W	–	–	ST	W	–
α3	N	SC	–	N	–	W	ST	–	–	W	ST	–
α4	SC	N	N	–	W	–	–	ST	W	–	–	ST
β1	ST	–	–	W	–	N	N	SC	–	–	–	–
β2	–	ST	W	–	N	–	SC	N	–	–	–	–
β3	–	W	ST	–	N	SC	–	N	–	–	–	–
β4	W	–	–	ST	SC	N	N	–	–	–	–	–
γ1	ST	–	–	W	–	–	–	–	–	N	N	SC
γ2	–	ST	W	–	–	–	–	–	N	–	SC	N
γ3	–	W	ST	–	–	–	–	–	N	SC	–	N
γ4	W	–	–	ST	–	–	–	–	SC	N	N	–

Winkelsumme in Dreiecken (S. 88)

	a)	b)	c)	d)	e)	f)	g)	h)	i)	j)
α	50°	32°	**94°**	55°	80°	25°	**56°**	142°	**27°**	78°
β	30°	**92°**	74°	65°	**89°**	51°	19°	**25°**	112°	**2°**
γ	**100°**	56°	12°	**60°**	11°	**104°**	105°	13°	41°	100°

2. a) β = 35° γ = 110°   b) α = 42° γ = 96°
   c) α = 70° γ = 40°   d) β = 61° γ = 58°
   e) β = 33° γ = 114°   f) α = 25° γ = 130°

3.

α	40°	40°	40°	40°	40°	40°
β	25°	30°	35°	40°	45°	50°
γ	115°	110°	105°	100°	95°	90°

Winkelsumme in Vierecken (S. 89)

	a)	b)	c)	d)	e)	f)	g)	h)	i)	j)
α	140°	87°	**32°**	50°	135°	**90°**	99°	92°	90°	45°
β	50°	**87°**	72°	124°	110°	89°	189°	58°	**90°**	45°
γ	90°	120°	166°	**36°**	35°	91°	**43°**	**109°**	90°	145°
δ	**80°**	66°	90°	150°	**80°**	90°	29°	101°	90°	**125°**

2. a) β = 67° γ = 113°   b) α = 52° δ = 128°
   c) β = 30° δ = 150°   d) α = 50° γ = 130°

3. Die Lösung zu dieser Aufgabe entfällt, da die Vierecke in den Originalmaßen hier nicht dargestellt werden können.

4. α = 98°;   γ = 203°;   γ = 202°;   β = 57°

Winkelsumme in Vielecken (S. 90)

1. a) 900°   b) 1260°   c) 1440°   d) 5040°
   e) 1800°   f) 3240°

Lösungen

2. a) ∢ = 126° **b)** ∢ = 145° **c)** ∢ = 160° **d)** ∢ = 140°

3. a) 2 · 80° **b)** 2 · 120° **c)** 2 · 106,5° **d)** 2 · 151°

4. a) Elfeck **b)** Vierunddreißigeck
  c) Hunderteck **d)** Sechsundzwanzigeck

Satz des Thales (S. 91)

2. $\alpha = \gamma = 57{,}5°$;
$\alpha = 15°\ \delta = 150°;\ \beta = 45°\ \gamma = 45°$

Die Lösungen zu den **Aufgaben 1** und **3** entfallen, da die Dreiecke in den Originalmaßen hier nicht dargestellt werden können.

Kreis und Tangente (S. 92)

1.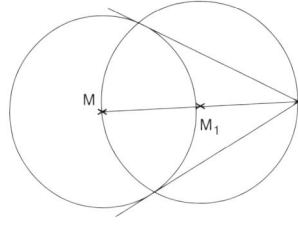

Beispielhaft sind hier vier Konstruktionsaufgaben dargestellt. Die Maße in den verkleinerten Abbildungen entsprechen nicht den Vorgaben in den Aufgaben.

2. a)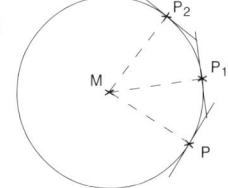

b) unendliche viele.
c) unendlich viele.

3.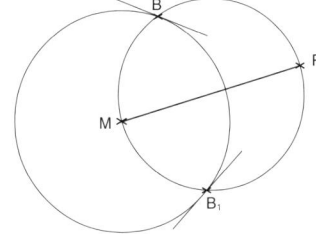

4.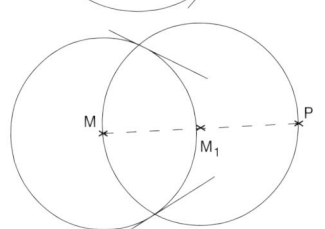

Absolute und relative Häufigkeit (S. 94)

1. a) und **b)**
0,038 und 3,8%
0,115 und 11,5%
0,231 und 23,1%
0,385 und 38,5%
0,154 und 15,4%
0,077 und 7,7%

2. a)

6	7	8	9	12	13	14	15	16
I	I	I	II	III	II	II	II	I
18	20	25	26	28	32	35	39	40
IIII	II	I	I	II	I	I	I	II

b) und c)
6 P.: 0,033 oder 3,3%
7 P.: 0,033 oder 3,3%
8 P.: 0,033 oder 3,3%
9 P.: 0,067 oder 6,7%
12 P.: 0,1 oder 10,1%
13 P.: 0,067 oder 6,7%
14 P.: 0,067 oder 6,7%
15 P.: 0,067 oder 6,7%
16 P.: 0,033 oder 3,3%
18 P.: 0,133 oder 13,3%
20 P.: 0,067 oder 6,7%
25 P.: 0,033 oder 3,3%
26 P.: 0,033 oder 3,3%
28 P.: 0,033 oder 3,3%
32 P.: 0,067 oder 6,7%
35 P.: 0,033 oder 3,3%
39 P.: 0,033 oder 3,3%
40 P.: 0,067 oder 6,7%

d) $63{,}\overline{3}\%$ der Schüler haben unter 20 Punkte erreicht.

Wahrscheinlichkeit (S. 95)

1. a) $\frac{1}{2} = 0{,}5$ **b)** $\frac{1}{2} = 0{,}5$ **c)** $\frac{1}{6} = 0{,}1\overline{6}$ **d)** $\frac{1}{6} = 0{,}1\overline{6}$
e) $\frac{2}{3} = 0{,}\overline{6}$ **f)** $\frac{1}{2} = 0{,}5$ **g)** $\frac{2}{3} = 0{,}\overline{6}$ **h)** $\frac{2}{3} = 0{,}\overline{6}$

2. Die Wahrscheinlichkeit, ein Gewinnlos zu ziehen, ist $\frac{1}{4}$ oder 25% groß.

3. a) Die Wahrscheinlichkeit, einen König zu ziehen, ist $\frac{1}{8}$
b) Die Wahrscheinlichkeit, die Karten Ass, Dame und Bube unmittelbar nacheinander zu ziehen, ist $\frac{3}{8}$ oder 12,5% groß.

4. blau: $\frac{9}{20} = 45\%$ **rot:** $\frac{3}{10} = 30\%$ **grün:** $\frac{1}{4} = 25\%$

Ereignis und Gegenereignis (S. 96)

1. Geschichte: $\frac{1}{5}$ Naturwissenschaften: $\frac{1}{5}$
Allgemeinwissen: $\frac{3}{5}$

2. a) Die Wahrscheinlichkeit, dass keine Schwarzfahrer unter den Fahrgästen gefunden werden, liegt bei $\frac{97}{100}$.

b) Die Wahrscheinlichkeit, dass 5 Schwarzfahrer ertappt werden, die nicht unter den 20 ersten kontrollierten Fahrgästen sind, liegt bei $\frac{1}{16}$.

Lösungen

n/p	3,5	4	4,5	5	5,5	6	7
1	1,035	1,04	1,045	1,05	1,055	1,06	1,07
2	1,07123	1,0816	1,09203	1,1025	1,11303	1,1236	1,1449
3	1,10872	1,12486	1,14117	1,15763	1,17424	1,19102	1,22504
4	1,14752	1,16986	1,19252	1,21551	1,23822	1,26248	1,31080
5	1,18769	1,21665	1,24618	1,27628	1,30696	1,33823	1,40255
6	1,22926	1,26532	1,30226	1,34010	1,37884	1,41852	1,50073
7	1,27228	1,31593	1,36086	1,40710	1,45468	1,50363	1,60578
8	1,31681	1,36857	1,42210	1,47746	1,53469	1,59385	1,71819
9	1,36290	1,42331	1,48610	1,55133	1,61909	1,68948	1,83846
10	1,41060	1,48024	1,55297	1,62889	1,70814	1,79085	1,96715
11	1,45997	1,53945	1,62285	1,71034	1,80209	1,89830	2,10485
12	1,51107	1,60103	1,69588	1,79586	1,90121	2,01220	2,25219
13	1,56396	1,66507	1,77220	1,88565	2,00577	2,13293	2,40985
14	1,61869	1,73168	1,85194	1,97993	2,11609	2,26090	2,57853
15	1,67535	1,80094	1,93528	2,07893	2,23248	2,39656	2,75903
16	1,73399	1,87298	2,02237	2,18287	2,35526	2,54035	2,95216
17	1,79468	1,94790	2,11338	2,29202	2,48480	2,69277	3,15882
18	1,85749	2,02582	2,20848	2,40662	2,62147	2,85434	3,37993
19	1,92250	2,10685	2,30786	2,52695	2,76565	3,02560	3,61653
20	1,98979	2,19112	2,41171	2,65330	2,91776	3,20714	3,86968
21	2,05943	2,27877	2,52024	2,78596	3,07823	3,39956	1,14056
22	2,13151	2,36992	2,63365	2,92526	3,24754	3,60254	4,43040
23	2,20611	2,46472	2,75217	3,07152	3,42615	3,81975	4,74053
24	2,28333	2,56330	2,87601	3,22510	3,61459	4,04893	5,07237
25	2,36324	2,66584	3,00543	3,38635	3,81339	4,29187	5,42743
26	2,44596	2,77247	3,14068	3,55567	4,02313	4,54938	5,80735
27	2,53157	2,88337	3,28201	3,73346	4,24440	4,82235	6,21387
28	2,62017	2,99870	3,42970	3,92013	4,47784	5,11169	6,64884
29	2,71188	3,11865	3,58404	4,11614	4,72412	5,41839	7,11426
30	2,80679	3,24340	3,74532	4,32194	4,98395	5,74349	7,61226

Spiele zur Unterrichtsgestaltung
■ **Mathematik**
Heiko Etzold, Ines Petzschler
Kl. 5–13, 120 S., A4, Paperback
ISBN 978-3-8346-0804-8

■ **Mathe aktiv und anschaulich vermitteln**
Neue Zugänge zu allen Lehrplanthemen der Sekundarstufe I
Katrin Barth, Sabine Müller
Kl. 5–10, 168 S., A4, Paperback
ISBN 978-3-8346-2400-0

Postfach 10 22 51
45422 Mülheim an der Ruhr

Telefon 030/89 785 235
Fax 030/89 785 578

bestellungen@cornelsen.de
www.verlagruhr.de

■ **Die Mathe-Merk-Mappe Klasse 5**
Mathe zum Nachschlagen, Üben und Wiederholen
Hans J. Schmidt
Kl. 5, 104 S., A4, Paperback
ISBN 978-3-86072-389-0

■ **Die Mathe-Merk-Mappe Klasse 6**
Mathe zum Nachschlagen, Üben und Wiederholen
Reto Held
Kl. 6, 104 S., A4, Paperback
ISBN 978-3-86072-664-8

■ **Die Mathe-Merk-Mappe Klasse 7**
Mathe zum Nachschlagen, Üben und Wiederholen
Birgit Brandenburg
Kl. 7, 112 S., A4, Paperback
ISBN 978-3-86072-816-1

■ **Die Mathe-Merk-Mappe Klasse 8**
Mathe zum Nachschlagen, Üben und Wiederholen
Renate Bahrenberg
Kl. 8, 88 S., A4, Paperback
ISBN 978-3-8346-0512-2

■ **Die Mathe-Merk-Mappe Klasse 9**
Mathe zum Nachschlagen, Üben und Wiederholen
Hans J. Schmidt
Kl. 9, 104 S., A4, Paperback
ISBN 978-3-8346-2401-7

■ **Die Mathe-Merk-Mappe Klasse 10**
Mathe zum Nachschlagen, Üben und Wiederholen
Hans J. Schmidt
Kl. 10, 124 S., A4, Paperback
ISBN 978-3-8346-2518-2

lernen · üben · behalten

Weitere Informationen und Blick ins Buch unter **www.verlagruhr.de**

Keiner darf zurückbleiben

Typischen Konflikten im Lehreralltag begegnen
Fallbeispiele und konkrete Handlungsempfehlungen

Klasse 5–13, 156 S., 17 x 24 cm, Paperback
Best.-Nr. 978-3-8346-2512-0

- Stellt reale Fallbeispiele für „kleine" Konfliktfälle im Schulalltag vor
- Erläutert konkrete Methoden, damit Lehrer in diesen Fällen schnell und wirkungsvoll reagieren können

Mobbing gegen Lehrer
Tipps und Strategien zur Selbsthilfe und Prävention

Klasse 1–13, 136 S., 17 x 24 cm, Paperback
Best.-Nr. 978-3-8346-2913-5

- Der erste Ratgeber zum Tabuthema „Mobbing gegen Lehrer"
- Praxiserprobte Interventions- und Präventionsmöglichkeiten
- Konkrete Hilfen, Handlungsempfehlungen und Tipps

Klasse Stimmung!
50 Methoden für ein gelingendes Miteinander und eine positive Lernatmosphäre in der Schule

Klasse 5–13, 184 S., 17 x 24 cm, Paperback
Best.-Nr. 978-3-8346-2617-2

- Lernhilfen für die wichtigsten Regeln und Methoden des Deutschunterrichts
- Praktische „Gedächtnisstützen" zum Selberbasteln
- Alle Bastelanleitungen als Kopiervorlagen für die Schülerhand

Mehr Motivation und Abwechslung im Unterricht!
99 Methoden zur Schüleraktivierung

Klasse 5–13, 144 S., 17 x 24 cm, Paperback, mit bearbeitbaren Word-Dateien zum Download
Best.-Nr. 978-3-8346-2328-7

- Vielfältige Methoden für alle Unterrichtsphasen und -situationen
- Alle Methoden flexibel einsetzbar und variierbar
- Motiviert zur intensiven Auseinandersetzung mit dem Lernstoff

Unterrichtsphasen erfolgreich gestalten
Das große Methodenhandbuch für die Sekundarstufe

Klasse 5–13, 424 S., 16 x 23 cm, Paperback
Best.-Nr. 978-3-8346-2568-7

- Der Sammelband vereint die Bestseller „Produktive Unterrichtseinstiege", „Produktive Arbeitsphasen" und „Unterrichtseinheiten erfolgreich abschließen"
- 300 abwechslungsreiche und kreative Methoden

Strukturierungshilfen für den Unterricht
Schülern Orientierung geben – effizient unterrichten

Klasse 5–10, 120 S., 17 x 24 cm, Paperback, mit Downloadangebot
Best.-Nr. 978-3-8346-2914-2

- Durch mehr Struktur und Ordnung zu einem effektiveren Unterricht
- Praxiserprobte Tipps, u. a. zur Formulierung von Arbeitsaufträgen und zur Klassenraumgestaltung

Mehr Informationen unter: www.verlagruhr.de Jetzt portofrei online bestellen!
*gilt für alle Internetbestellungen innerhalb Deutschlands